쉽고 다양하게 즐길 수 있는 모던 라탄 홈 인테리어

나만의 라탄 공예

쉽고 다양하게 즐길 수 있는 모던 라탄 홈 인테리어

나만의 라탄 공예

초판 1쇄 인쇄 2021년 4월 21일
초판 1쇄 발행 2021년 4월 28일

지은이 최은지·김민정

발행인 장상진
발행처 경향미디어
등록번호 제313-2002-477호
등록일자 2002년 1월 31일

주소 서울시 영등포구 양평동 2가 37-1번지 동아프라임밸리 507-508호
전화 1644-5613 | **팩스** 02) 304-5613

ⓒ최은지·김민정

ISBN 978-89-6518-329-7 13630

쉽고 다양하게 즐길 수 있는 모던 라탄 홈 인테리어

나만의 라탄 공예

최은지·김민정 지음

경향미디어

처음 만나는 라탄

라탄 공예는 특별한 도구 없이도 쉽게 즐길 수 있고 작품을 오래 사용할 수 있다는 매력이 있어요. 작품 하나를 완성하기까지 인내의 시간이 필요하지만, 한 줄 두 줄 엮다 보면 어느새 라탄에만 집중하고 있는 나를 발견하게 될 거예요.

처음부터 반듯하고 튼튼한 라탄 작품을 만들기는 쉽지 않을 테지만, 꾸준히 노력하다 보면 나만의 노하우가 금방 생겨 원하는 형태의 작품을 만들 수 있을 거예요. 처음 만든 라탄 바구니가 조금 엉성해 보여도 '내가 직접 만든 나만의 작품'이니 소중할 거예요. 세월이 지날수록 라탄에 시간의 흔적이 배어 멋스러운 색이 된답니다. 작품의 분위기가 어떻게 변하는지 지켜보는 재미도 있을 거예요.

라탄 공예로 만들 수 있는 소품은 바구니뿐만이 아닙니다. 주방 용품, 인테리어 소품, 가방 등 일상 곳곳을 라탄 작품으로 채워보세요. 다양한 재료와 매치하여 새로운 작품을 만들 수도 있어요. 라탄의 따스한 분위기에 색다름을 더해 세상에 하나뿐인 작품을 만들어보세요.

혼자서도 라탄 공예를 쉽게 따라 할 수 있도록 친절한 과정 사진과 설명을 담았습니다. 라탄 공예의 기본이 되는 부분 만들기 과정을 익힌 후 다양한 소품을 만들어볼 수 있게 구성하였습니다. 라탄 공예의 매력을 처음 만나는 데 이 책이 도움이 되길 바랍니다.

목차

PART 1 라탄 공예 기초를 배우다

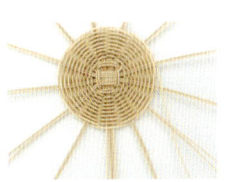

PART 2 라탄 공예 작품을 만들다

라
탄
공
예

라탄(Rattan)이란 열대 아시아 지역에서 나는 덩굴성 식물로 흔히 등나무라고 불립니다. 등나무는 가볍고 질기지만 유연성이 있어서 작은 바구니, 채반 등 생활 소품이나 가구 재료로 많이 사용됩니다. 라탄의 속살이나 껍질을 얇고 길게 가공하여 접착제를 사용하지 않고 오로지 손으로 한 줄 한 줄 엮어 만드는 것을 라탄 공예라고 합니다. 옛 이름으로 등공예라고 불리기도 합니다.

라탄 공예의 주재료인 라탄은 가공법에 따라 환심, 피등, 평심, 반평심, 홍등, 백등 등으로 나뉩니다. 각각 재료의 특성에 따라 쓰임새나 공예기법이 조금씩 다릅니다. 우드링, 합판, 가죽, 패브릭 등 다양한 부재료를 함께 사용하여 색다른 디자인의 소품을 만들 수도 있습니다.

라탄 공예 용어

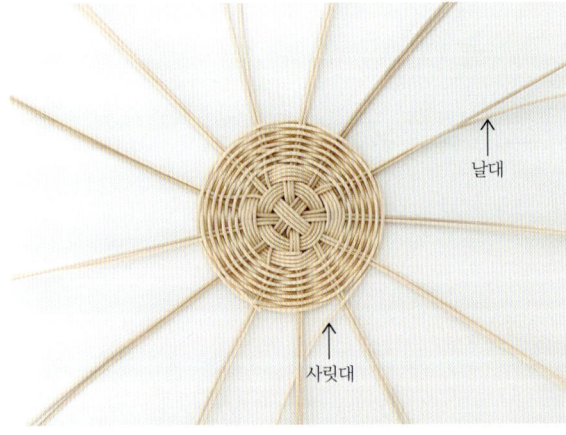 

날대 : 작품의 전체적인 형태를 잡아주는 역할을 합니다. 날대의 중심을 잘 맞춰 작업을 시작해주세요.

사릿대 : 날대 사이를 엮으며 작품의 살을 채워주는 역할을 합니다. 빈틈이 생기지 않도록 엮어주어야 튼튼한 작품을 만들 수 있어요.

덧날대 : 날대와 날대 간격이 2cm 이상 벌어지면 작품의 견고함이 떨어집니다. 이때 작업 중인 날대 양쪽으로 덧날대를 끼워 날대의 개수를 늘려주세요.

심대

주로 손잡이를 만들거나 감아마무리를 할 때 사릿대로 감기 위한 막대 역할을 합니다.

심대를 감아줄 때에는 심대가 보이지 않도록 촘촘하게 감아주세요.

라탄 공예 재료

라탄은 적당한 탄력이 있고 거스러미가 적으며 색상이 일정할수록 좋습니다.

환심 : 라탄 줄기의 껍질을 제거하고 속살을 둥근 심 형태로 가공한 재료입니다.
　　　라탄 공예에서 가장 많이 쓰이는 재료로 1mm부터 7mm까지 다양한 사이즈가 있습니다.
평심 : 라탄 줄기의 속살을 납작한 모양으로 가공한 재료입니다. 평평한 형태를 표현할 때 좋아요.
피등 : 라탄 줄기의 외피를 벗겨내 만든 재료입니다. 환심이나 평심보다는 겉면이 더 단단하고
　　　윤기가 있어 가구 제작에 주로 사용합니다.
라탄 공예용 합판(원목판) : 합판에 라탄을 끼워 작업하면 단단하고 평평한 바닥을 만들 수 있습니다.

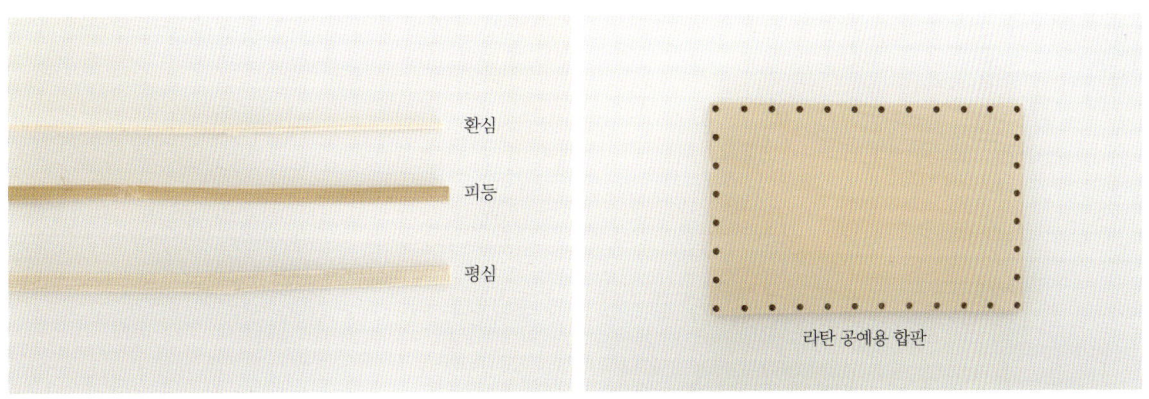

라탄 공예 도구

라탄 공예에 필요한 도구를 소개합니다.

가위 : 가늘고 끝이 뾰족한 가위일수록 라탄을 자르기 편합니다.

송곳 : 날대나 사릿대 사이에 틈을 만들 때 사용합니다.

줄자 : 재단할 날대 길이를 재거나 작품 크기를 잴 때 사용합니다.

물통과 분무기 : 라탄은 사용하기 전과 사용하는 도중에 수분 보충이 꼭 필요합니다. 물통과 분무기를 준비하여 수분을 보충해주세요.

장갑 : 손끝 보호를 위해 물에 젖지 않는 니트릴 장갑을 끼고 작업하세요. 손에 딱 맞는 크기여야 작업할 때 불편하지 않아요.

앞치마 : 물과 먼지가 묻을 수 있으므로 앞치마를 착용하면 좋습니다.

물통과 분무기

가위　　　송곳　　　줄자

라탄 공예 준비

라탄 소분

1. 라탄 1단을 통째로 물에 충분히 적셔서 묶인 끈을 잘라 풀어줍니다.
2. 재료가 서로 엉키지 않게 걸어놓거나, 1줄씩 동그랗게 말아 정리합니다.
3. 젖은 라탄은 충분히 건조시킨 뒤 통풍이 잘되는 곳에 보관한 후 필요한 양만큼 꺼내 사용합니다.

날대 재단

날대를 재단할 때에는 만들 작품의 전체 길이와 마무리 작업을 위한 길이를 더해 재단합니다. 재단 길이가 너무 짧으면 마무리 작업을 할 수 없고, 너무 길면 마무리 후 버려지는 재료가 많아지니 처음부터 잘 계산해야 합니다. 높이가 없는 납작한 트레이 형태의 작품을 재단할 때는 양쪽 높이 값을 빼고 계산하여 재단합니다.

- 작품 전체 길이 : 바닥 지름 또는 바닥 길이와 양쪽 높이를 더한 값
- 마무리 길이 : 마무리 작업을 위한 15~20cm의 여분 값

원형 : 바닥 지름 + 양쪽 높이 + 양쪽 마무리

타원 가로 날대 : 바닥 가로 길이 + 양쪽 높이 + 양쪽 마무리

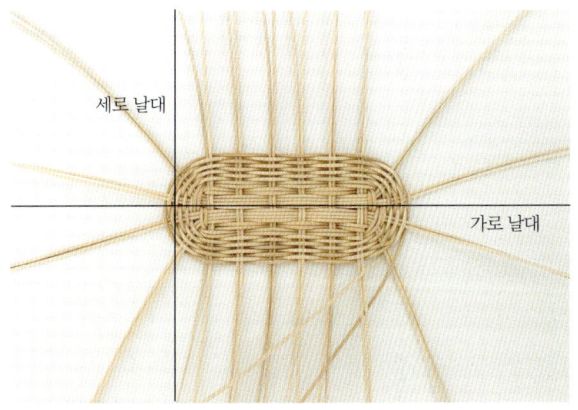

타원 세로 날대 : 타원 가로 날대 길이 - 10cm

사각 : 바닥 세로 길이 + 양쪽 높이 + 양쪽 마무리

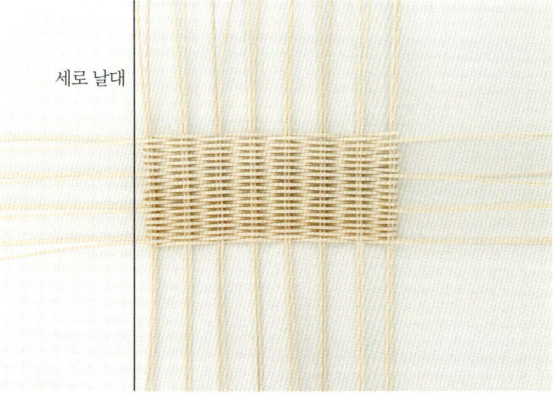

물에 불리기

1. 작업하기 전에 재단한 날대와 사용할 사릿대를 물에 5분 정도 담근 후 부드러워지면 사용합니다.
2. 작업 중간중간 재료가 마르지 않도록 분무기로 물을 뿌려주며 작업합니다.

라탄 공예 후작업

재료 다듬기

환심 : 환심의 거스러미는 작업 완료 후 토치를 사용해 없앨 수 있습니다. 완성한 작품을 물에 적신 뒤 토치로 거스러미를 태워주면 잔가시가 정리되어 더 깔끔한 작품을 만들 수 있습니다.

피등 : 피등의 표면에 이물질이 묻어 있는 경우가 있습니다. 사용하기 전에 젖은 거즈 등으로 닦아내어 깨끗한 피등으로 작업을 하거나, 작품 완성 후 피등 부분을 따로 닦아내면 됩니다.

건조하기

라탄은 습기가 지속되면 곰팡이가 생길 수 있기 때문에 완성한 작품은 통풍이 잘되는 곳에서 충분히 건조시킨 뒤 사용해주세요.

염색

커피, 홍차, 치자 등의 자연 재료나 시중에 판매중인 염료로 완성한 작품을 염색하거나 재료를 미리 염색한 후에 작업할 수도 있습니다. 염료의 농도와 물의 온도에 따라 같은 염료라도 색상이 다르게 나올 수 있기 때문에 필요에 따라 물을 끓이며 염색하거나 차가운 물에 염색하세요.

1. 염색할 작품을 담을 수 있는 큰 볼을 준비합니다.
2. 작품이 잠길 정도의 물을 담아줍니다.
3. 원하는 색상이 나올 때까지 준비한 염료를 물에 풀어줍니다.
4. 소금을 함께 넣어주면 색상이 더 뚜렷해집니다.
5. 염색할 작품이나 재료가 골고루 염색되도록 충분히 담가줍니다.
6. 원하는 색상이 나왔을 때 작품을 꺼내 흐르는 물에 여러 번 헹궈줍니다.
7. 통풍이 잘되는 곳에 말려줍니다.

코팅

용도에 따라 도마용 오일, 바니시, 투명 래커 등으로 코팅하면 조금 더 견고한 상태가 되어 좀 더 오래 사용할 수 있습니다.

01
원형 트레이
Round Tray

02
쿠키 볼
Cookie Bowl

03
라탄 포트
Rattan Pot

04
라탄 볼
Rattan Bowl

05
굴 바구니
Tangerine Basket

06
액세서리 바구니
Accessory Tray

07
피등 화병
Rattan Vase

08
허브 바구니
Herb Basket

09
편지함
Letter Box

10
소품 정리함
Rattan&Wood Tray

11
푸드 커버
Food Cover

12
라탄 텀블러 백
Bottle Bag

13
쁘띠 라탄 백
Petit Rattan Bag

14
타원
양손 바구니
Oval Basket

15
파이 트레이
Pie Tray

PART 1

라탄 공예 기초를 배우다

1 십자 바닥(홀수)

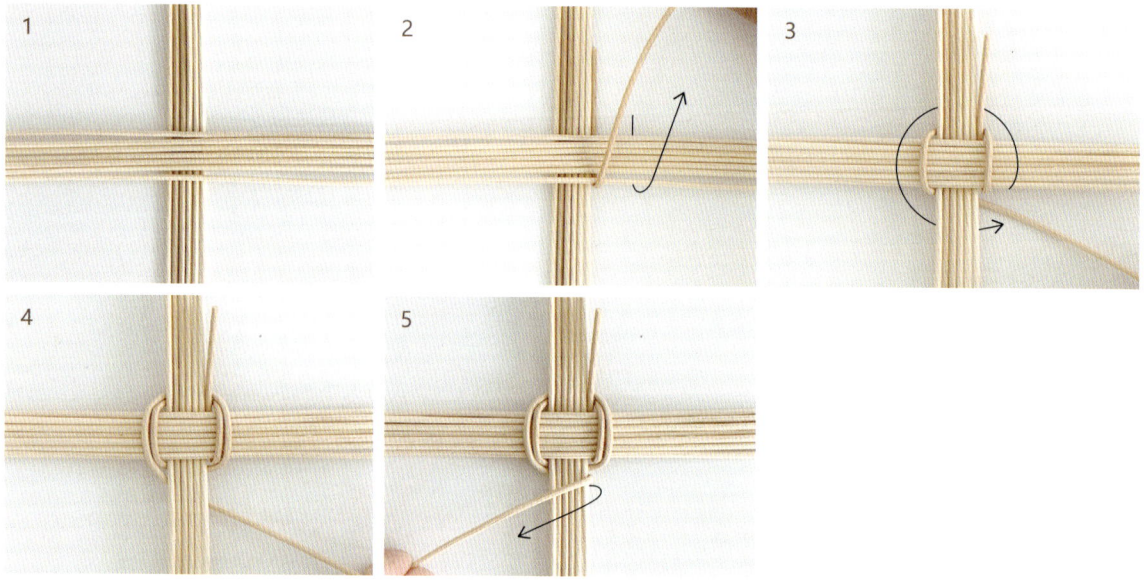

1. 날대 13줄을 이용하여 십자(十)모양으로 세로 6줄, 가로 7줄을 배열해줍니다.
2. 사릿대 1줄을 오른쪽 날대 아래에 놓고 접어 올려줍니다.
3. 사릿대를 반시계 방향으로 날대 위, 아래, 위, 아래 순으로 엮어 움직이지 않게 고정해줍니다.
4. 과정 3을 1바퀴 더 반복합니다.
5. 사용하던 사릿대를 왼쪽으로 접어줍니다.

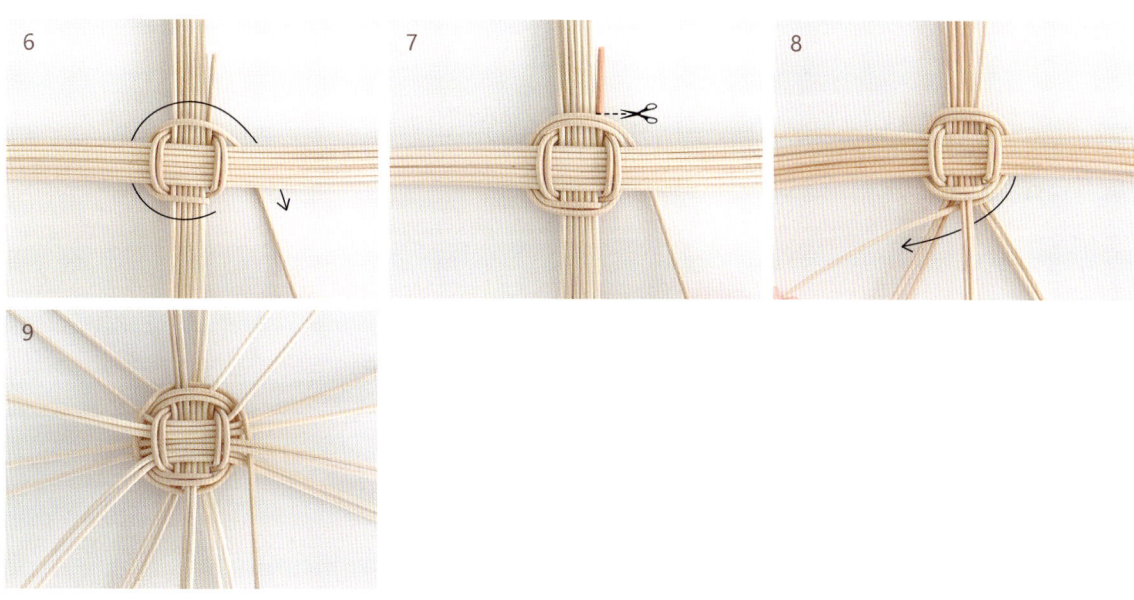

6. 사릿대를 시계 방향으로 날대 위, 아래, 위, 아래 순으로 엮어줍니다.

7. 과정 6을 1바퀴 더 반복합니다. 이때 처음 넣었던 짧은 사릿대는 잘라냅니다.

8. 날대를 2줄 1조씩 나누면서 사릿대로 날대 위, 아래, 위, 아래 순으로 반복하며 막엮기를 시작합니다(45쪽 막엮기 참조).

9. 막엮기 1바퀴를 엮은 모습입니다.

2 십자 바닥(짝수)

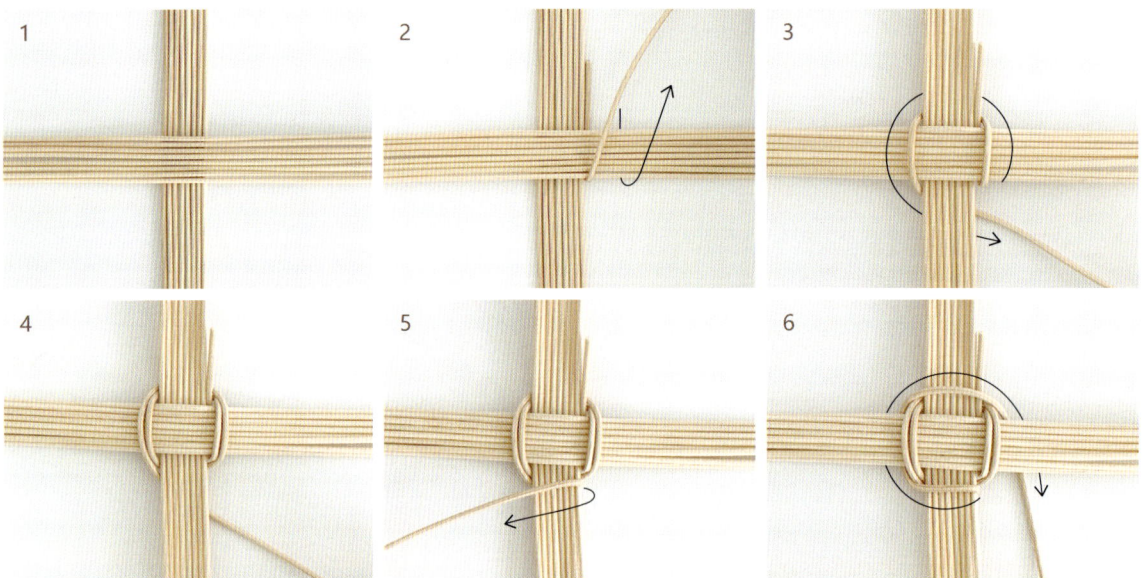

1. 날대 16줄을 이용하여 십자(十) 모양으로 세로 8줄, 가로 8줄을 배열해줍니다.
2. 사릿대 1줄을 오른쪽 날대 아래에 놓고 접어 올려줍니다.
3. 사릿대를 반시계 방향으로 날대 위, 아래, 위, 아래 순으로 엮어 움직이지 않게 고정해줍니다.
4. 과정 3을 1바퀴 더 반복합니다.
5. 사용하던 사릿대를 왼쪽으로 접어줍니다.
6. 사릿대를 시계 방향으로 날대 위, 아래, 위, 아래 순으로 엮어줍니다.

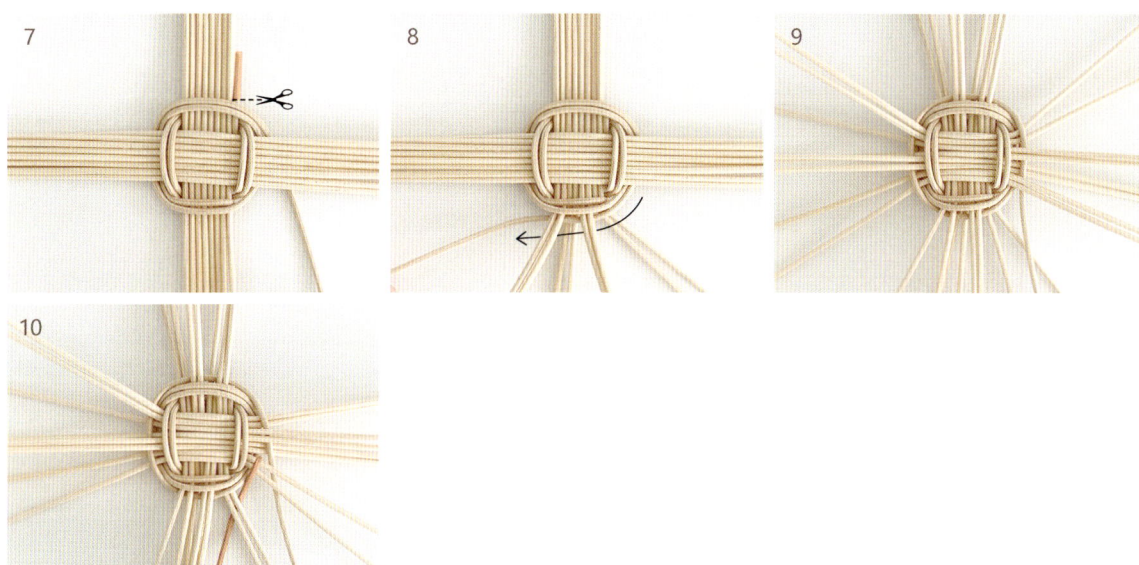

7. 과정 6을 1바퀴 더 반복합니다. 이때 처음 넣었던 짧은 사릿대는 잘라냅니다.

8. 날대를 2줄 1조씩 나누면서 사릿대로 날대 위, 아래, 위, 아래 순으로 반복하며 엮어줍니다.

9. 사릿대로 1바퀴를 엮은 모습입니다.

10. 사릿대를 1줄 더 준비하여 따라엮기를 시작합니다(45쪽 따라엮기 참조).

3 우물정 바닥(홀수)

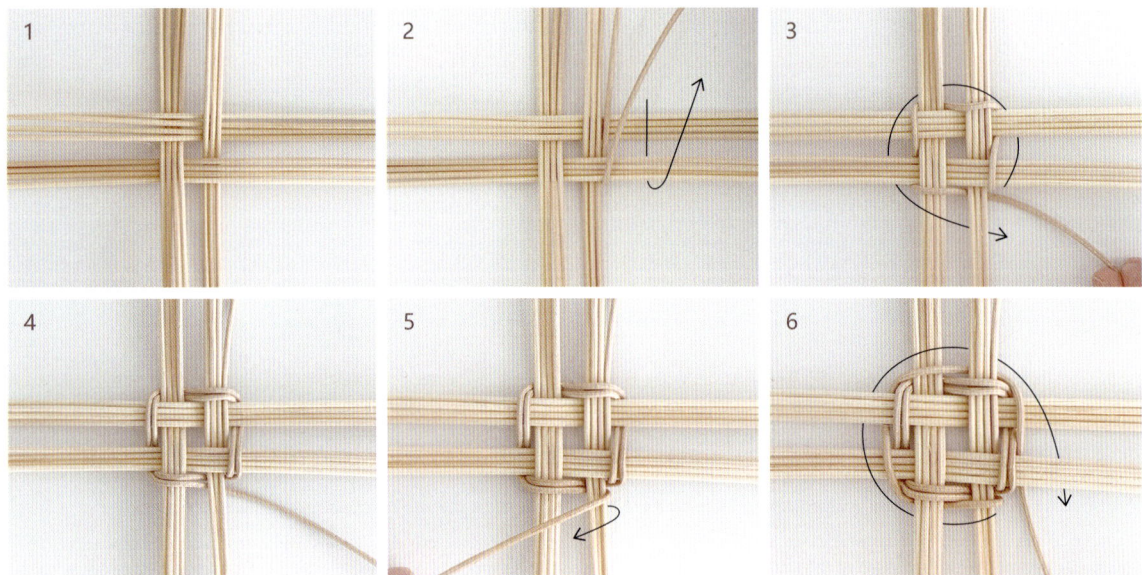

1. 날대 15줄을 이용하여 우물정(井) 모양으로 배열해줍니다.
2. 사릿대 1줄을 오른쪽 날대 옆에 놓고 접어 올려줍니다.
3. 사릿대를 반시계 방향으로 날대 위, 아래, 위, 아래 순으로 엮어 움직이지
   않게 고정해줍니다.
4. 과정 3을 1바퀴 더 반복합니다.
5. 사용하던 사릿대를 왼쪽으로 접어줍니다.
6. 사릿대를 시계 방향으로 날대 위, 아래, 위, 아래 순으로 엮어줍니다.

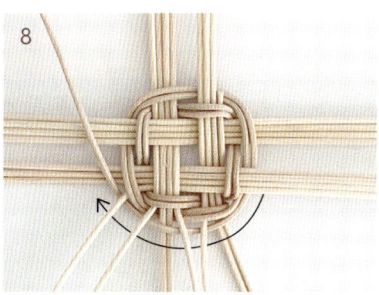
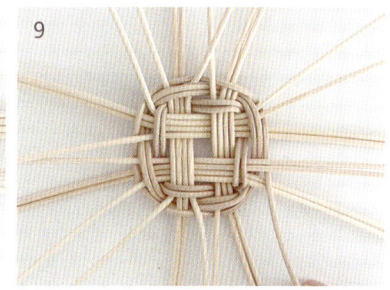

7. 과정 6을 1바퀴 더 반복합니다. 이때 처음 넣었던 짧은 사릿대는 잘라냅니다.

8. 날대를 2줄 1조씩 나누면서 사릿대로 날대 위, 아래, 위, 아래 순으로 반복하며 막엮기를 시작합니다(45쪽 막엮기 참조).

9. 막엮기 1바퀴를 엮은 모습입니다.

4 우물정 바닥(짝수)

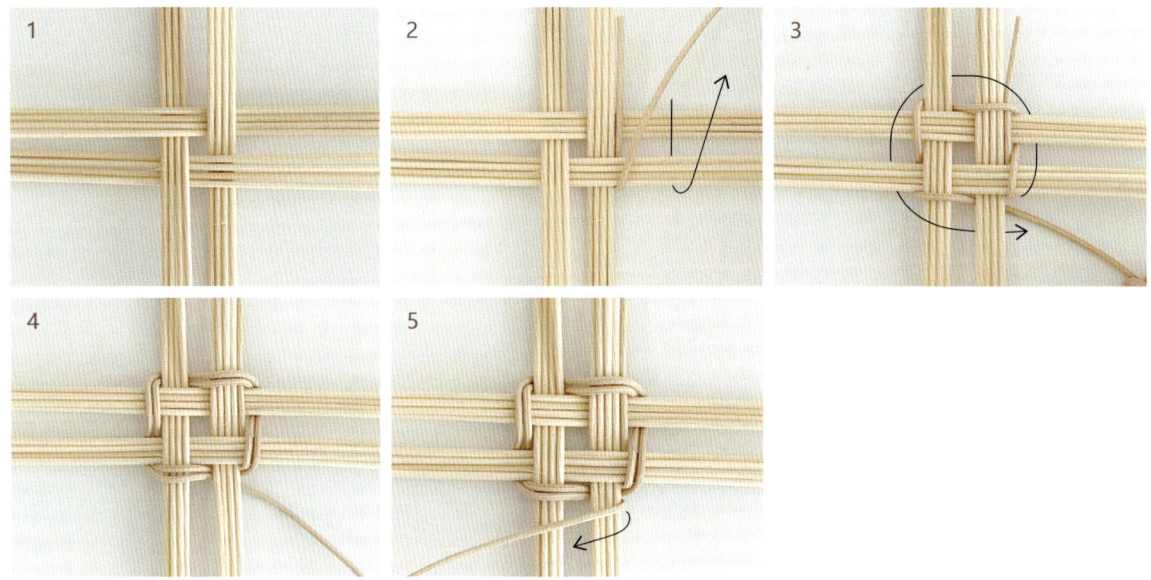

1. 날대 16줄을 이용하여 우물정(井) 모양으로 배열해줍니다.
2. 사릿대 1줄을 오른쪽 날대 옆에 놓고 접어 올려줍니다.
3. 사릿대를 반시계 방향으로 날대 위, 아래, 위, 아래 순으로 엮어 움직이지
   않게 고정해줍니다.
4. 과정 3을 1바퀴 더 반복합니다.
5. 사용하던 사릿대를 왼쪽으로 접어줍니다.

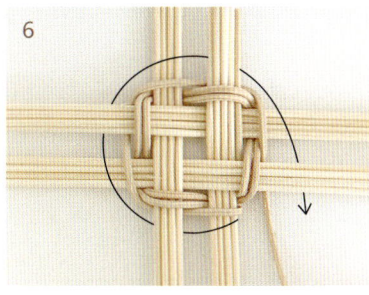

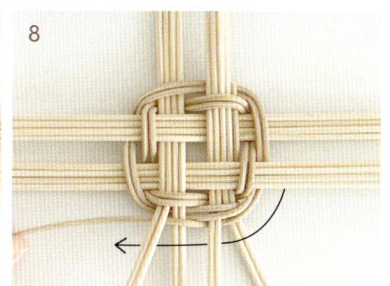

6. 사릿대를 시계 방향으로 날대 위, 아래, 위, 아래 순으로 엮어줍니다.

7. 과정 6을 1바퀴 더 반복합니다. 이때 처음 넣었던 짧은 사릿대는 잘라냅니다.

8. 날대를 2줄 1조씩 나누면서 사릿대로 날대 위, 아래, 위, 아래 순으로 반복하며 엮어줍니다.

9. 사릿대로 1바퀴를 엮은 모습입니다.

10. 사릿대를 1줄 더 준비하여 따라엮기를 시작합니다(45쪽 따라엮기 참조).

5 쌀미 바닥(홀수)

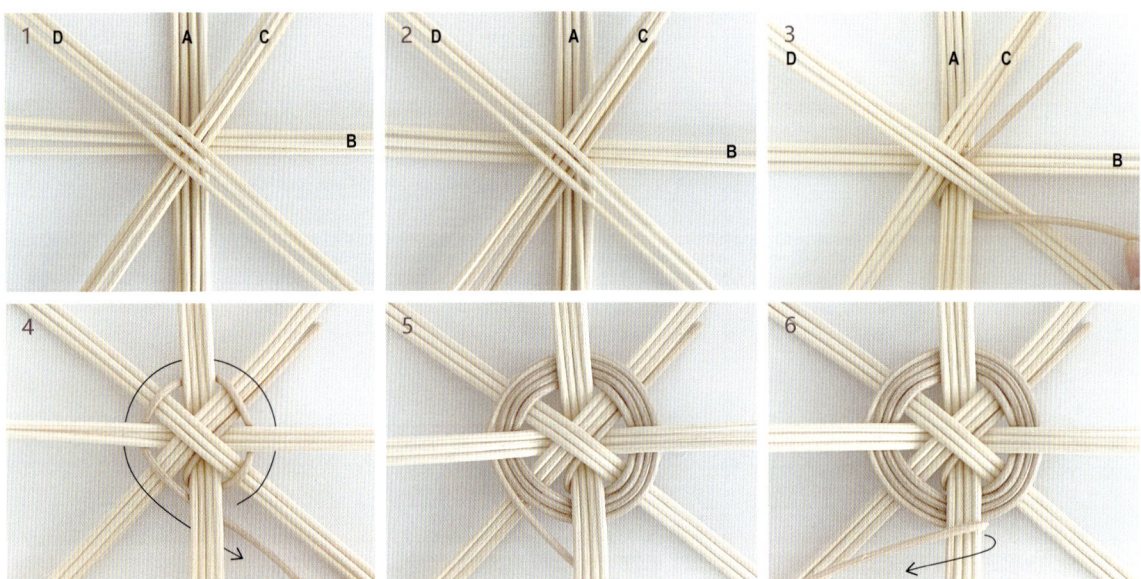

1. 날대 13줄을 이용하여 A, B, C, D 순으로 쌀미(米) 모양을 만들어줍니다.
2. 사릿대 1줄을 C날대 옆에 놓아줍니다.
3. 사릿대를 A날대 아래로 접어줍니다.
4. 사릿대를 반시계 방향으로 날대 위, 아래, 위, 아래 순으로 엮어 움직이지 않게 고정해줍니다.
5. 과정 4를 3바퀴 더 반복합니다.
6. 사용하던 사릿대를 왼쪽으로 접어줍니다.

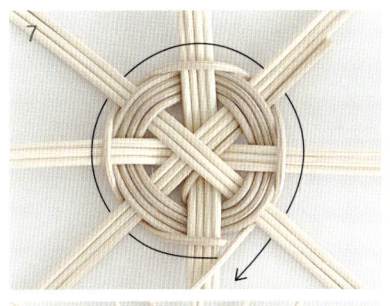

7. 사릿대를 시계 방향으로 날대 위, 아래, 위, 아래 순으로 엮어줍니다.

8. 과정 7을 3바퀴 더 반복합니다. 이때 처음 넣었던 짧은 사릿대는 잘라 냅니다.

9. 날대를 2줄 1조씩 나누면서 사릿대로 날대 위, 아래, 위, 아래 순으로 반복하며 막엮기를 시작합니다(45쪽 막엮기 참조).

10. 막엮기 1바퀴를 엮은 모습입니다.

6 쌀미 바닥(짝수)

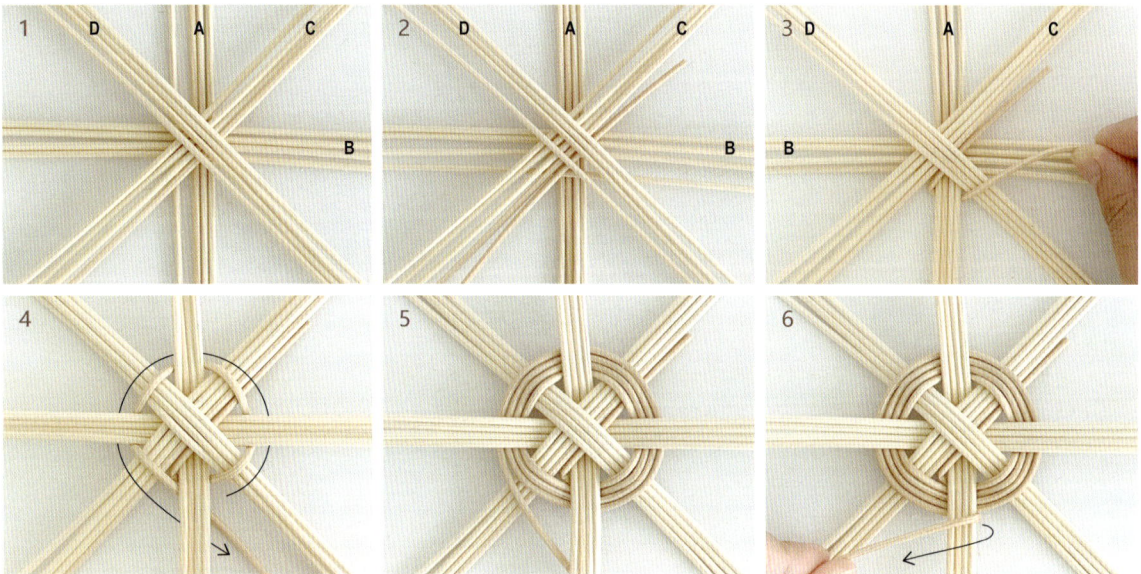

1. 날대 16줄을 이용하여 A, B, C, D 순으로 쌀미(米) 모양을 만들어줍니다.
2. 사릿대 1줄을 C날대 옆에 놓아줍니다.
3. 사릿대를 A날대 아래로 접어줍니다.
4. 사릿대를 반시계 방향으로 날대 위, 아래, 위, 아래 순으로 엮어 움직이지
   않게 고정해줍니다.
5. 과정 4를 3바퀴 더 반복합니다.
6. 사용하던 사릿대를 왼쪽으로 접어줍니다.

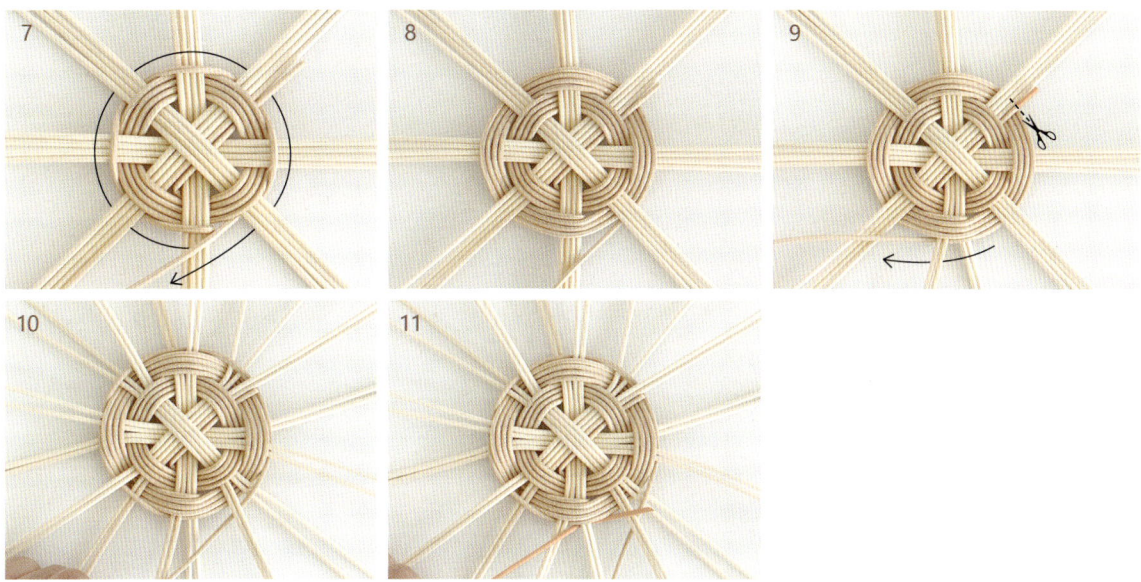

7. 사릿대를 시계 방향으로 날대 위, 아래, 위, 아래 순으로 엮어줍니다.
8. 과정 7을 3바퀴 더 반복합니다.
9. 날대를 2줄 1조씩 나누면서 사릿대로 날대 위, 아래, 위, 아래 순으로 반복하며 엮어줍니다. 이때 처음 넣었던 짧은 사릿대는 잘라냅니다.
10. 사릿대로 1바퀴를 엮은 모습입니다.
11. 사릿대를 1줄 더 준비하여 따라엮기를 시작합니다(45쪽 따라엮기 참조).

7 타원 바닥

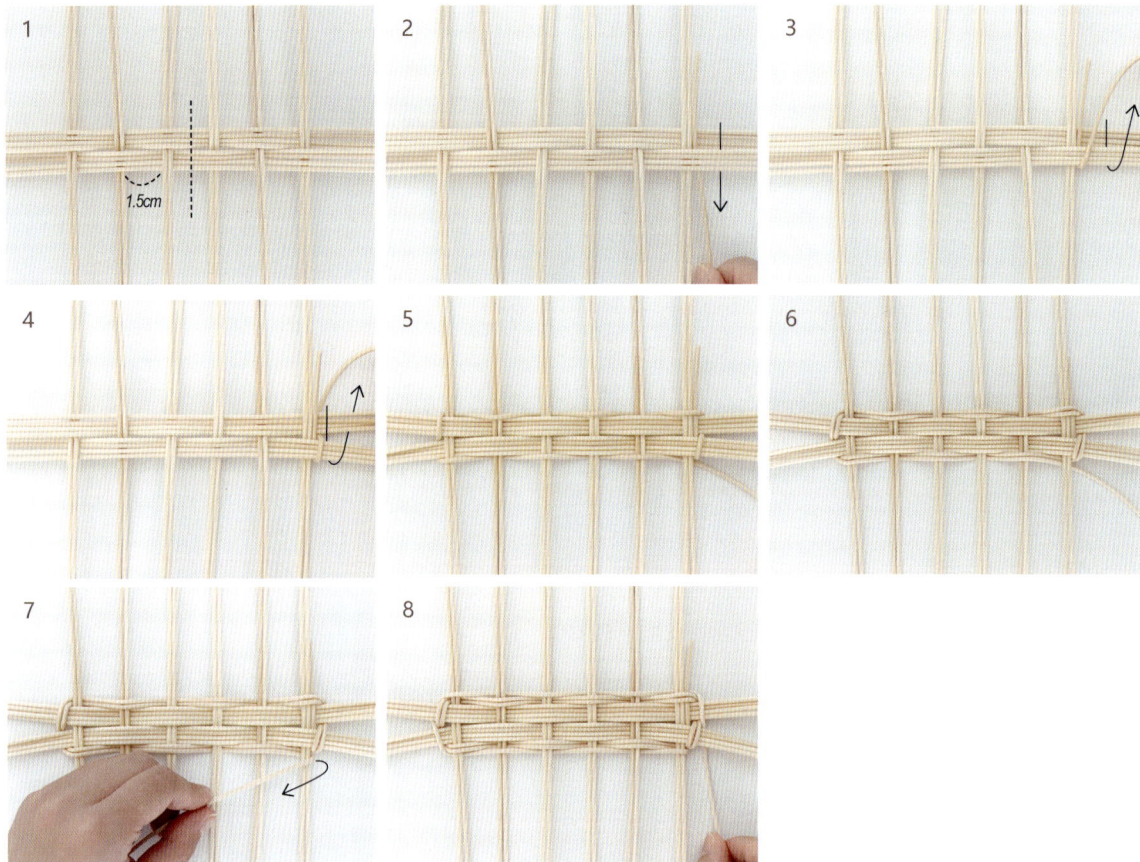

1. 가로 날대 8줄과 세로 날대 12줄을 이용하여 배열해줍니다. 이때 날대의 중심을 잘 맞추어줍니다.
2. 사릿대 1줄을 오른쪽 세로 날대 옆에 놓아줍니다.
3. 사릿대를 접어 올립니다.
4. 사릿대로 가로 날대를 4줄씩 위, 아래로 교차하며 엮어줍니다.
5. 사릿대를 시계 반대방향으로 날대 위, 아래, 위, 아래 순으로 1바퀴 엮어줍니다.
6. 과정 4~5를 1바퀴 더 반복합니다.
7. 사용하던 사릿대를 시작점에서 왼쪽으로 접어줍니다.
8. 사릿대를 시계 방향으로 날대 위, 아래, 위, 아래 순으로 1바퀴 엮어줍니다.

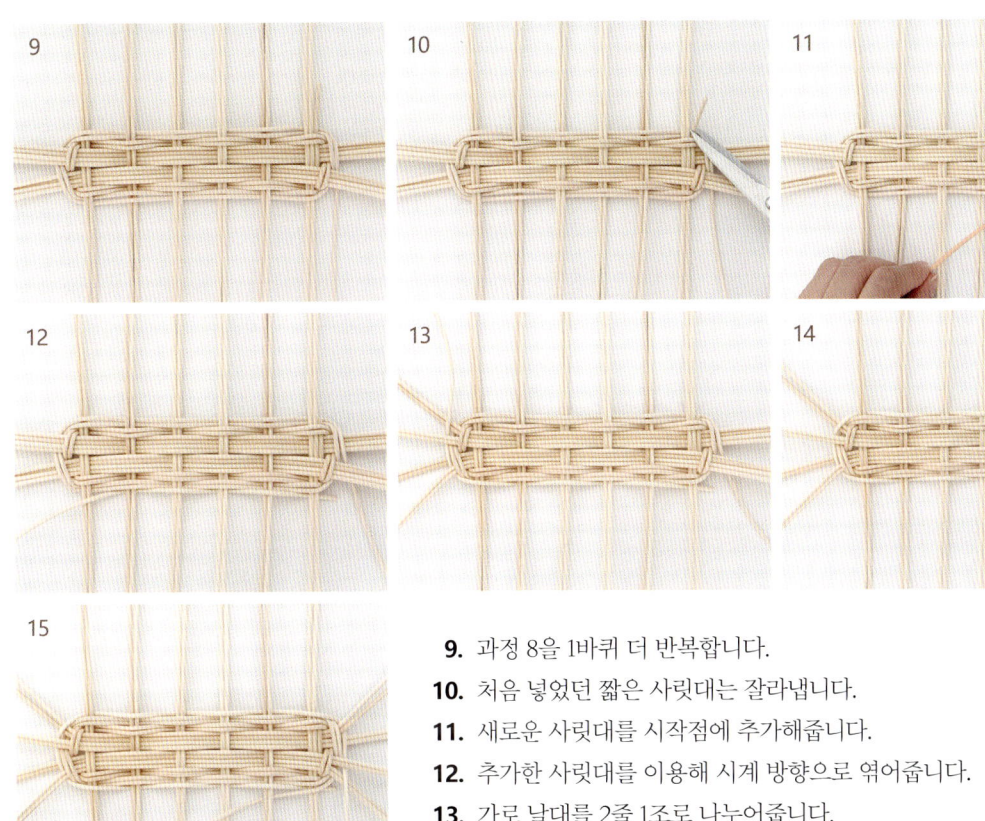

9. 과정 8을 1바퀴 더 반복합니다.

10. 처음 넣었던 짧은 사릿대는 잘라냅니다.

11. 새로운 사릿대를 시작점에 추가해줍니다.

12. 추가한 사릿대를 이용해 시계 방향으로 엮어줍니다.

13. 가로 날대를 2줄 1조로 나누어줍니다.

14. 반대편 가로 날대도 2줄 1조로 나누며 엮어줍니다.

15. 사용하던 사릿대를 바꾸어 따라엮기를 시작합니다.

8 사각 바닥

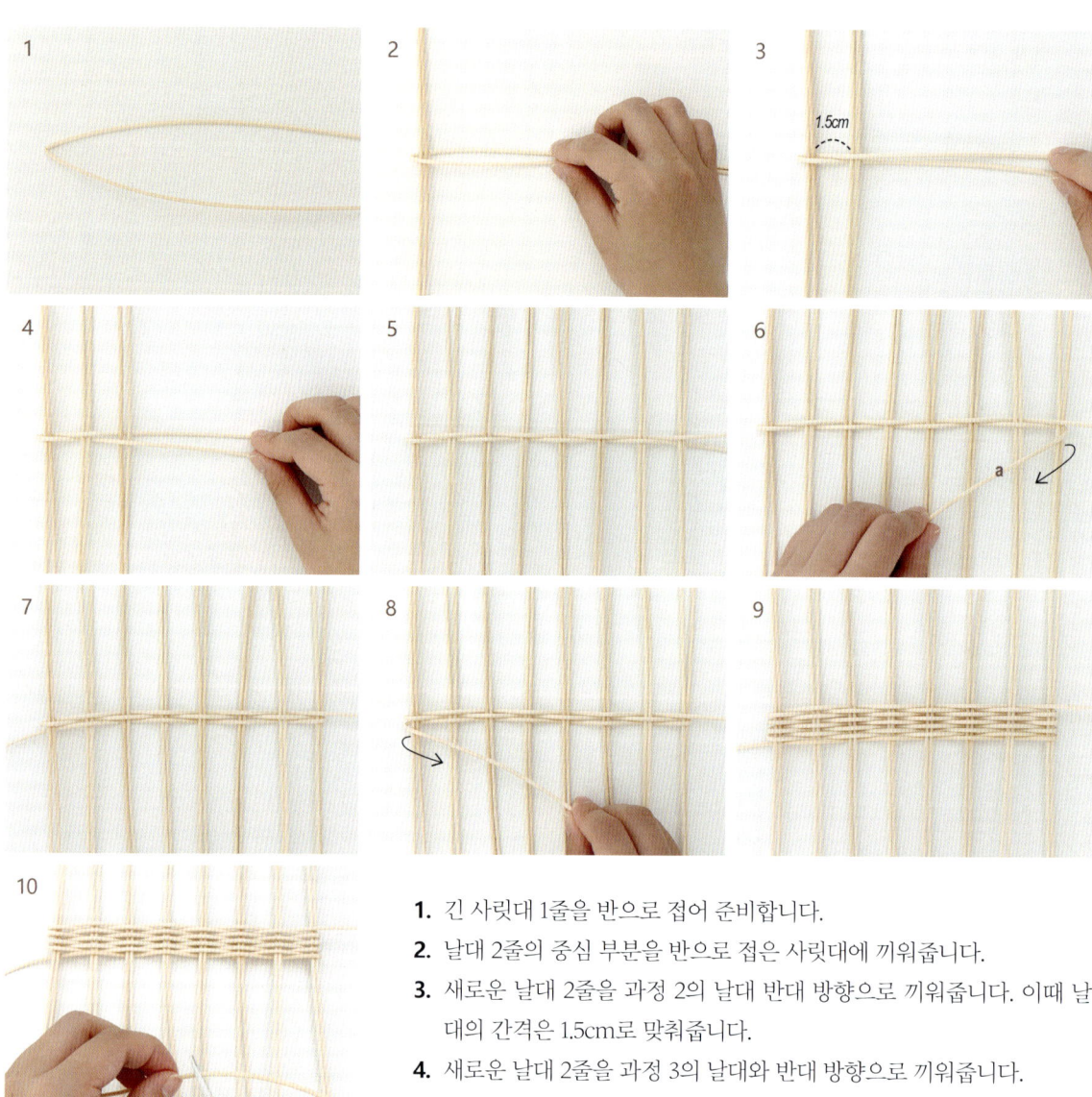

1. 긴 사릿대 1줄을 반으로 접어 준비합니다.
2. 날대 2줄의 중심 부분을 반으로 접은 사릿대에 끼워줍니다.
3. 새로운 날대 2줄을 과정 2의 날대 반대 방향으로 끼워줍니다. 이때 날대의 간격은 1.5cm로 맞춰줍니다.
4. 새로운 날대 2줄을 과정 3의 날대와 반대 방향으로 끼워줍니다.
5. 과정 3~4를 반복하며 날대 총 여덟 조를 배열해줍니다.
6. a사릿대를 왼쪽으로 접으며 되돌아엮기를 시작합니다.
7. 날대 위, 아래, 위, 아래 순으로 반복하며 사릿대를 1줄 엮어줍니다.
8. 사릿대를 오른쪽으로 접으며 되돌아엮기를 이어갑니다.
9. 과정 6~8을 반복하며 양옆으로 4회씩 되돌아엮기를 합니다.
10. 사릿대를 23cm(만드는 작품의 높이 길이 + 마무리 길이) 남기고 잘라냅니다.

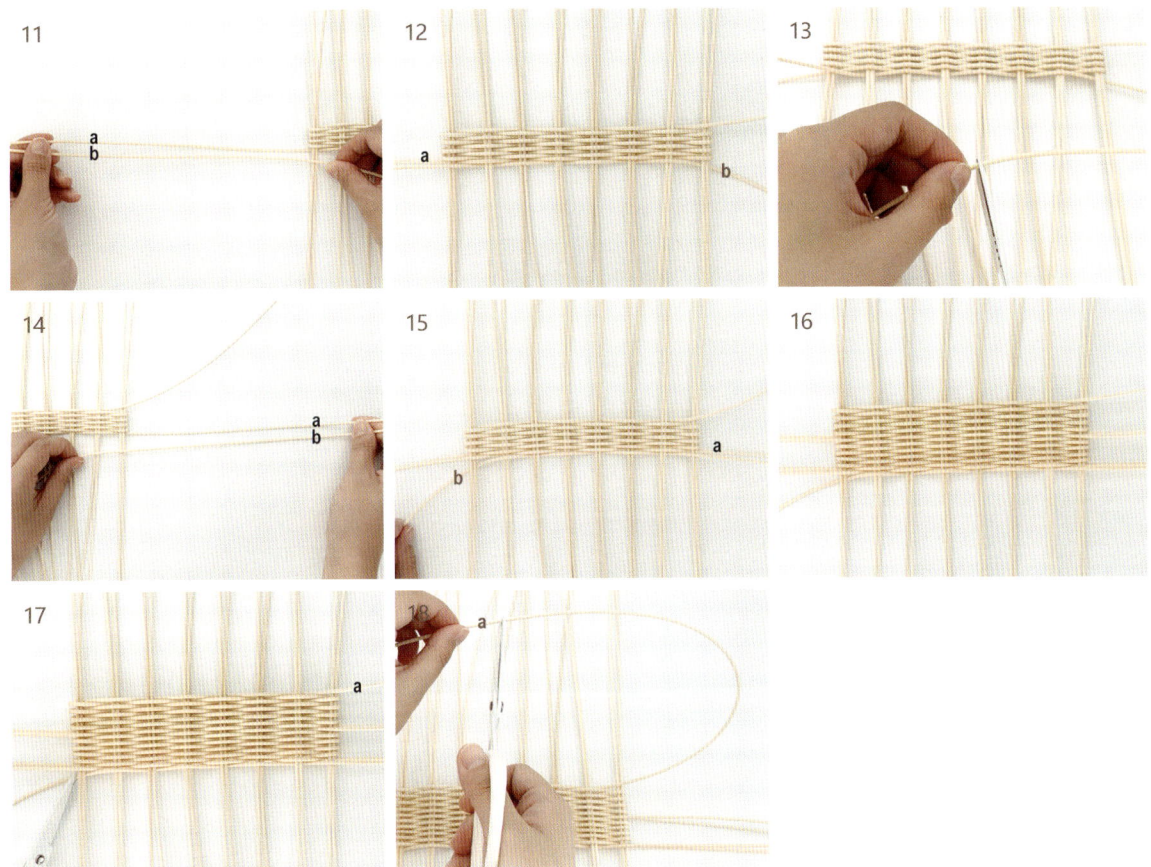

11. 새로운 사릿대를 이용해 날대 1조를 만들어줍니다.

12. b사릿대로 1줄 엮어줍니다.

13. 사릿대를 23cm(만드는 작품의 높이 길이 + 마무리 길이) 남기고 잘라냅니다.

14. 새로운 사릿대를 이용해 날대 1조를 만들어줍니다.

15. b사릿대로 1줄 엮어줍니다.

16. 과정 9~15를 한 번 더 반복합니다.

17. 사용 중인 사릿대는 날대 끝에 맞춰 잘라냅니다.

18. a사릿대를 23cm(만드는 작품의 높이 길이 + 마무리 길이) 남기고 잘라냅니다.

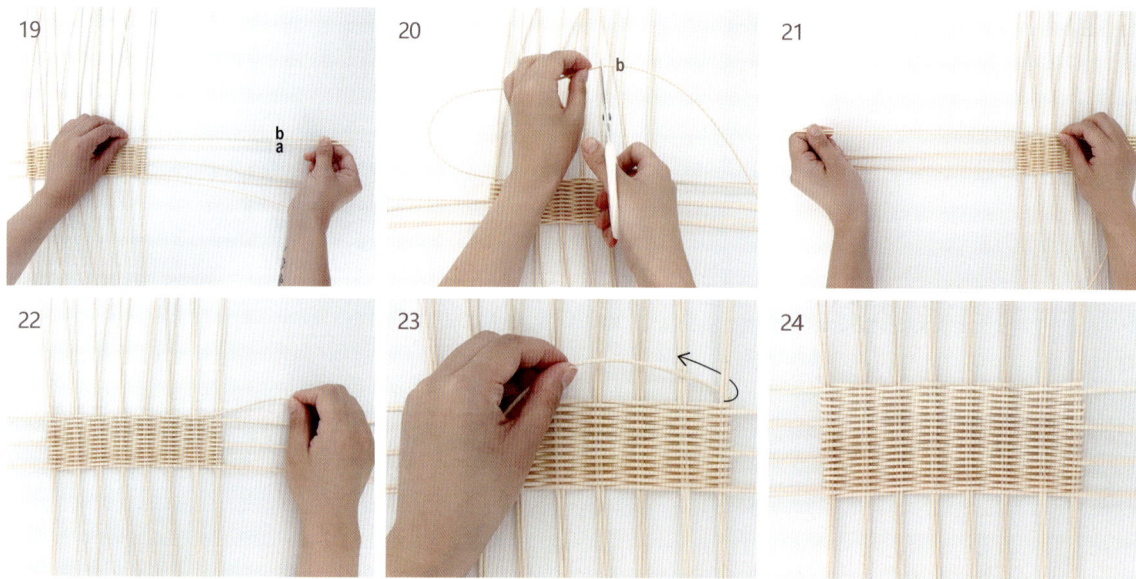

19. 새로운 사릿대를 이용해 날대 1조를 만들어줍니다.

20. b사릿대로 1줄 엮은 후 사릿대는 23cm(만드는 작품의 높이 길이 + 마무리 길이) 남기고 잘라냅니다.

21. 새로운 사릿대를 이용해 날대 1조를 만들어줍니다.

22. 과정 21의 새로운 사릿대로 1줄 엮어줍니다.

23. 사릿대를 반으로 접어 되돌아엮기를 시작합니다.

24. 양옆으로 4회씩 되돌아엮기를 한 후 과정 18~22를 한 번 더 반복해줍니다. 이때 사용하던 사릿대는 날대 끝에 맞춰 잘라냅니다.

1 막엮기

가장 기본적인 엮는 방법 중 날대의 조가 홀수일 때 사용하는 기법입니다.

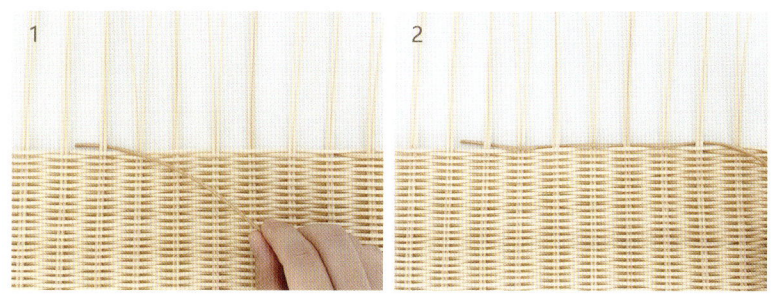

1. 사릿대 1줄을 날대 사이에 넣어
   줍니다.
2. 사릿대를 이용해 날대 위, 아래,
   위, 아래 순으로 반복하며 엮어
   줍니다.

2 따라엮기

가장 기본적인 엮는 방법 중 날대의 조가 짝수일 때 사용하는 기법입니다.

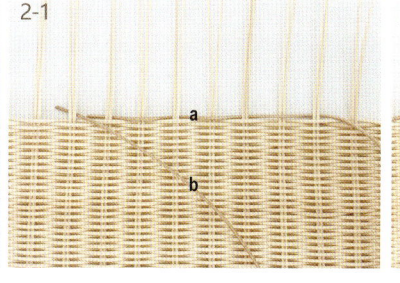
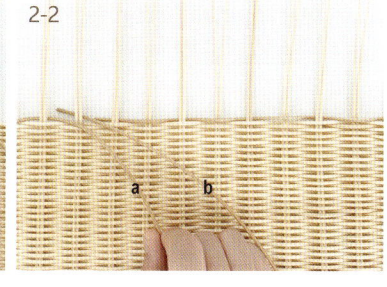

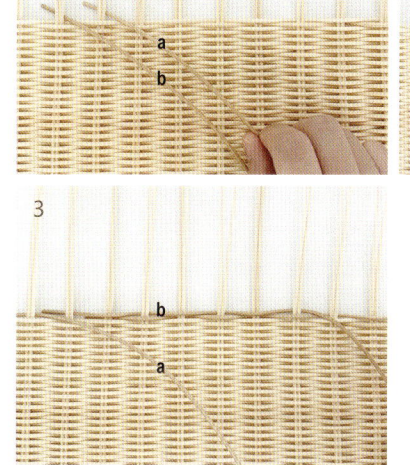

1. 사릿대 2줄을 날대 사이에 나란히 넣어줍니다.
2. a사릿대를 이용해 날대 위, 아래, 위, 아래 순으로 반복하며 1바퀴를 엮
   어줍니다.
3. b사릿대를 이용해 a사릿대와 방향이 엇갈리도록 엮어줍니다. 사릿대 2
   줄을 1바퀴씩 번갈아가며 계속해서 엮어줍니다.

3 꼬아엮기

사릿대 2줄을 꼬아 엮으며 채워나가는 기법입니다. 상황에 따라 꼬아엮기 시작과 마무리는 다양한
방법으로 엮어줄 수 있어요.

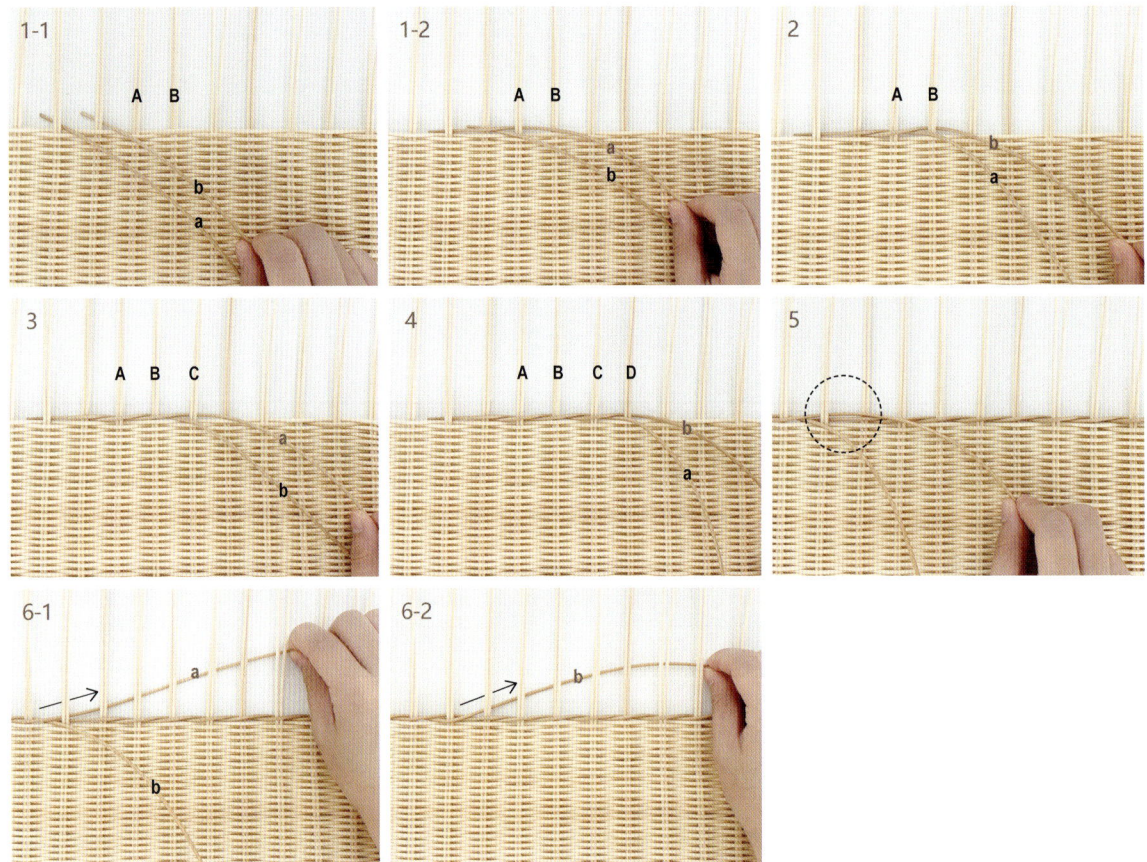

1. 사릿대 2줄을 날대 사이에 나란히 넣어준 후 a사릿대를 A날대에 걸어주며
   꼬아엮기를 시작합니다.
2. b사릿대를 B날대에 걸어줍니다.
3. a사릿대를 C날대에 걸어줍니다.
4. b사릿대를 D날대에 걸어줍니다.
5. 과정 1~4를 반복하며 꼬아엮기를 1바퀴 엮은 후 시작점이 겹치는 부분에서
   멈춰줍니다.
6. 사용하던 사릿대 2줄을 a, b 순으로 날대 뒤로 넘겨줍니다.

4 세줄꼬아엮기

사릿대 3줄을 꼬아 엮으며 채워나가는 기법입니다.

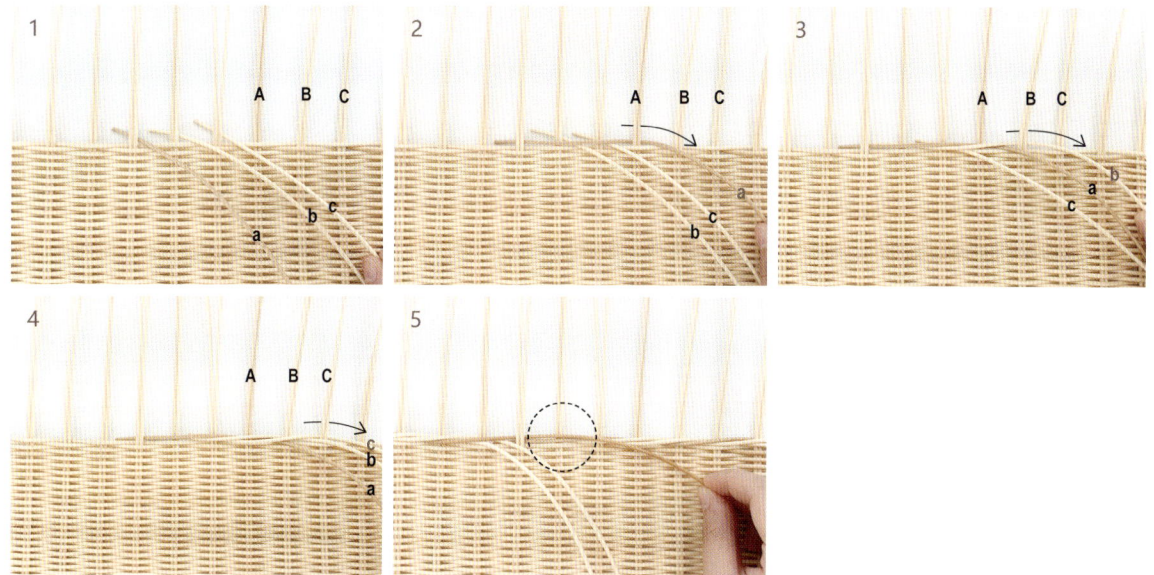

1. 사릿대 3줄을 날대 사이에 나란히 넣어 세줄꼬아엮기를 준비합니다.
2. a사릿대를 A날대에 걸어주며 세줄꼬아엮기를 시작합니다.
3. b사릿대를 B날대에 걸어줍니다.
4. c사릿대를 C날대에 걸어줍니다.
5. 과정 2~4를 반복하며 세줄꼬아엮기를 1바퀴 엮은 후 시작점과 겹치는
   부분에서 멈춰줍니다.

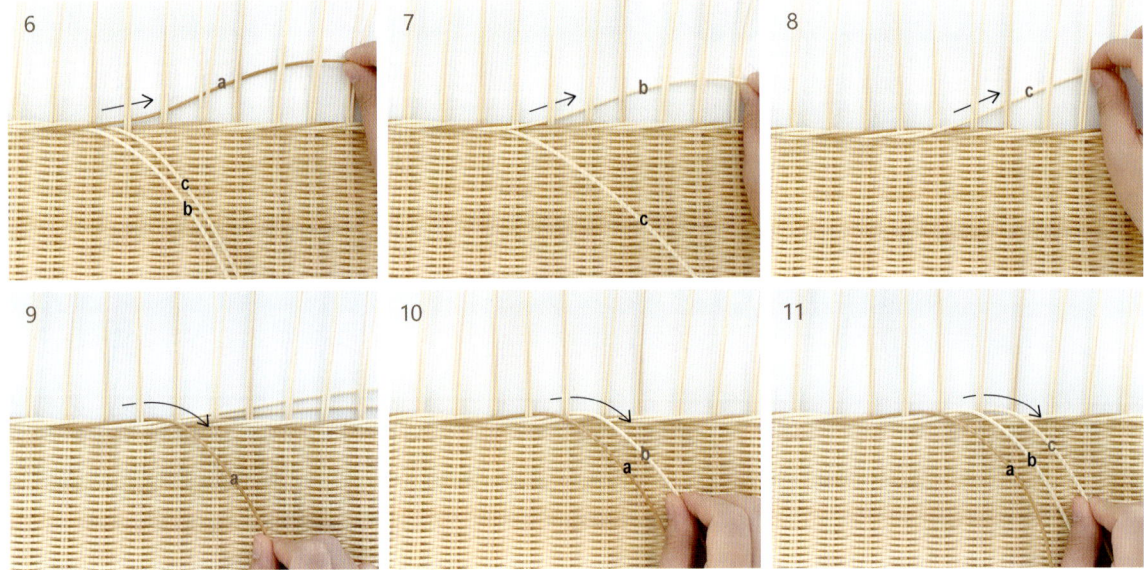

6. 사용하던 a사릿대를 날대 뒤로 넘겨줍니다.

7. b사릿대를 다음 날대 뒤로 넘겨줍니다.

8. c사릿대를 다음 날대 뒤로 넘겨줍니다.

9. a사릿대를 날대 밖으로 꺼내줍니다.

10. b사릿대를 그다음 날대 밖으로 꺼내줍니다.

11. c사릿대를 그다음 날대 밖으로 꺼내줍니다.

5 세줄꼬아엮기(아래로)

사릿대 3줄을 아래로 꼬아 엮으며 채워나가는 기법입니다.

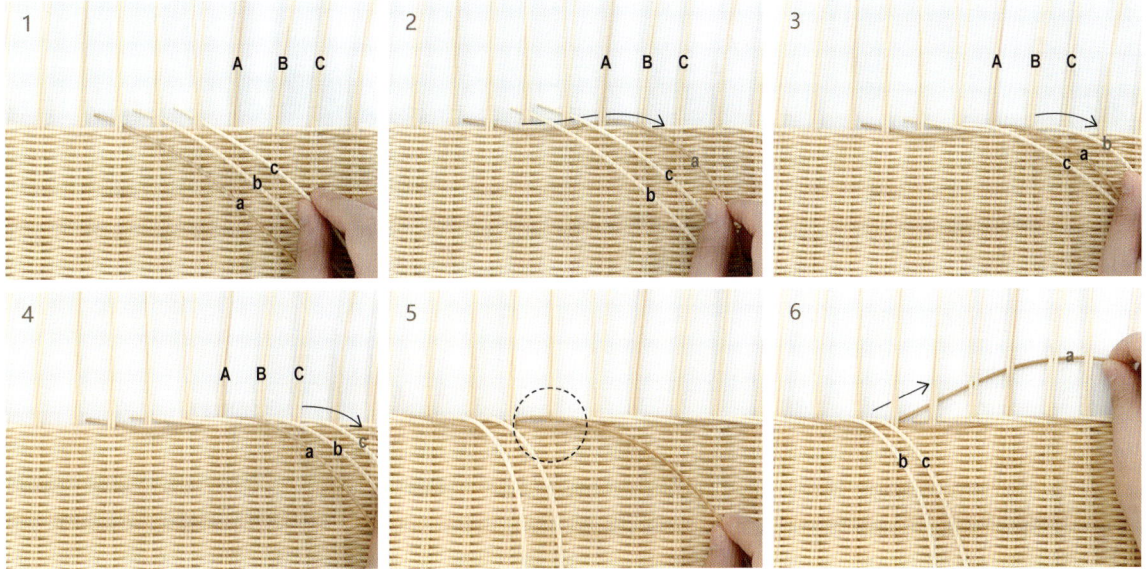

1. 사릿대 3줄을 날대 사이에 나란히 넣어 세줄꼬아엮기(아래로)를 준비합니다.
2. a사릿대를 b, c사릿대 아래를 지나 A날대에 걸어주며 세줄꼬아엮기(아래로)를 시작합니다.
3. b사릿대를 c, a사릿대 아래를 지나 B날대에 걸어줍니다.
4. c사릿대를 a, b사릿대 아래를 지나 C날대에 걸어줍니다.
5. 과정 2~4를 반복하며 세줄꼬아엮기(아래로)를 1바퀴 엮은 후 시작점과 겹치는 부분에서 멈춰줍니다.
6. 사용하던 a사릿대를 날대 뒤로 넘겨줍니다.

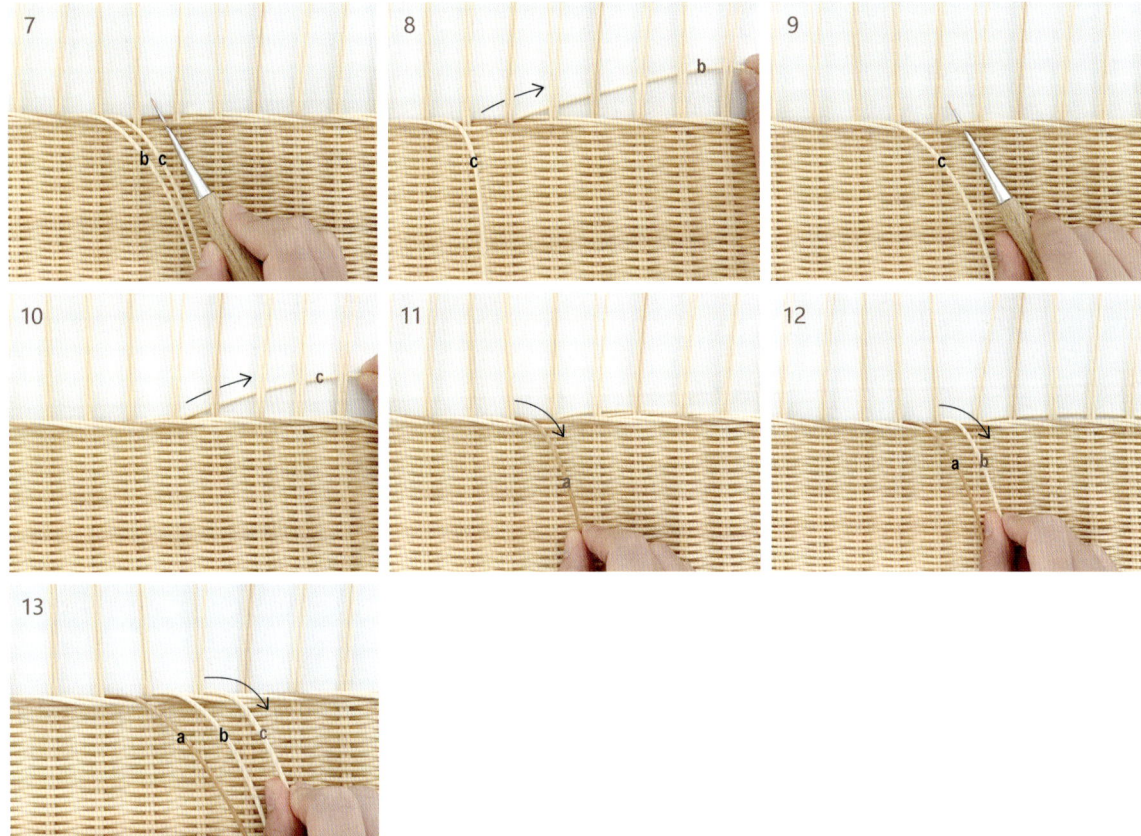

7. 다음 칸의 시작점 1줄 아래에 송곳으로 틈을 만들어줍니다.

8. b사릿대를 c사릿대 밑을 지나 과정 7에서 만든 틈으로 넣어줍니다.

9. 그다음 칸의 시작점 2줄 아래에 송곳으로 틈을 만들어줍니다.

10. c사릿대를 과정 9에서 만든 틈으로 넣어줍니다.

11. a사릿대를 날대 밖으로 꺼내줍니다.

12. b사릿대를 그다음 날대 밖으로 꺼내줍니다.

13. c사릿대를 그다음 날대 밖으로 꺼내줍니다.

6 네줄꼬아엮기

사릿대 4줄을 꼬아 엮으며 채워나가는 기법입니다. 세줄꼬아엮기보다 두께감 있는 기법으로 주로
바구니의 굽을 표현할 때 사용합니다.

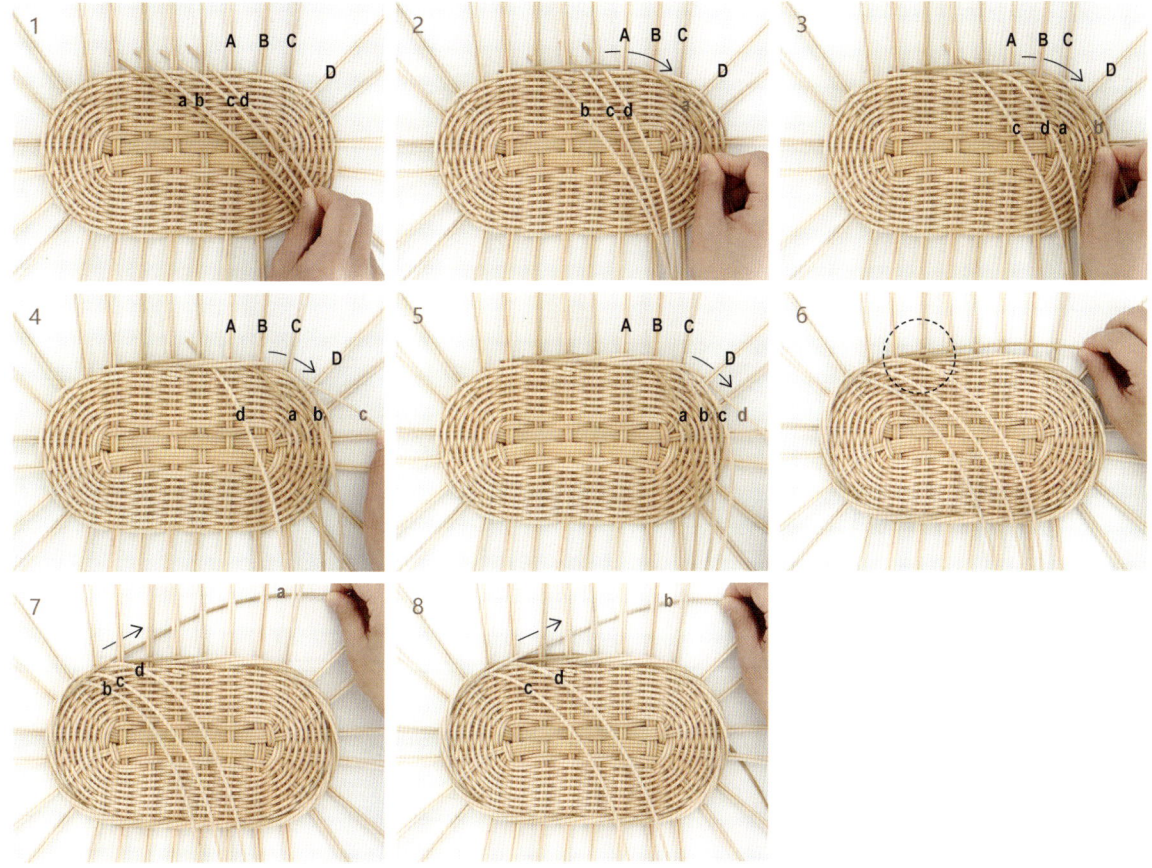

1. 사릿대 4줄을 날대 사이에 나란히 넣어 네줄꼬아엮기를 준비합니다.
2. a사릿대를 A날대에 걸어주며 네줄꼬아엮기를 시작합니다.
3. b사릿대를 B날대에 걸어줍니다.
4. c사릿대를 C날대에 걸어줍니다.
5. d사릿대를 D날대에 걸어줍니다.
6. 과정 2~5를 반복하며 네줄꼬아엮기를 1바퀴 엮은 후 시작점과 겹치는
   부분에서 멈춰줍니다.
7. 사용하던 a사릿대를 날대 뒤로 넘겨줍니다.
8. b사릿대를 다음 날대 뒤로 넘겨줍니다.

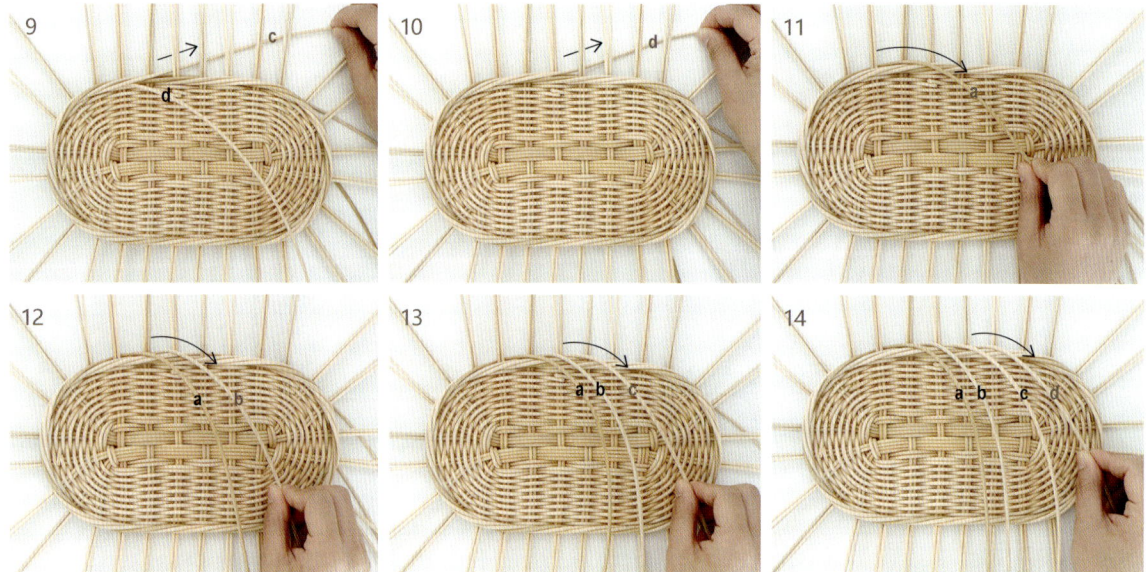

9. c사릿대를 다음 날대 뒤로 넘겨줍니다.

10. d사릿대를 다음 날대 뒤로 넘겨줍니다.

11. a사릿대를 날대 밖으로 꺼내줍니다.

12. b사릿대를 그다음 날대 밖으로 꺼내줍니다.

13. c사릿대를 그다음 날대 밖으로 꺼내줍니다.

14. d사릿대를 그다음 날대 밖으로 꺼내줍니다.

7 되돌아엮기

사릿대를 이용해 날대를 되돌아 엮으며 채워나가는 기법입니다. 이때 되돌아오는 날대를 1칸씩 줄여 형태의 변형을 줄 수도 있습니다.

1. 되돌아엮기를 할 지점까지 사릿대로 엮어줍니다.
2. 사릿대를 반대편으로 접어 되돌아엮기를 시작합니다.
3. 반대쪽 되돌아엮기를 할 지점까지 엮어줍니다.
4. 사릿대를 다시 반대편으로 접어줍니다.
5. 같은 방법으로 날대를 1칸씩 줄이며 되돌아엮기를 해줍니다.
6. 날대를 1칸씩 더 줄이며 되돌아엮기를 해줍니다.
7. 원하는 모양이 나올 때까지 되돌아엮기를 해주며 작업물의 형태를 만들어줍니다.

1 울타리무늬

꼬아엮기를 이용한 울타리무늬입니다. 방울무늬, 아가일무늬 등을 만들 때 응용할 수 있는 무늬입니다.

1. 사릿대 1줄을 반으로 접어 울타리무늬를 준비합니다.
2. 원하는 높이에 반으로 접은 사릿대를 날대 1조에 걸어줍니다.
3. a사릿대를 A날대에 걸어주며 울타리무늬 만들기를 시작합니다.
4. b사릿대를 B날대에 걸어줍니다.
5. 과정 3~4를 반복하며 1바퀴 엮어줍니다.
6. 사릿대는 잘라냅니다.
7. 사릿대를 시작점 사릿대 틈에 끼워 넣으며 울타리무늬를 완성합니다.

2 솔잎무늬

세줄꼬아엮기와 세줄꼬아엮기(아래로)를 1바퀴씩 엮어 만드는 무늬입니다.

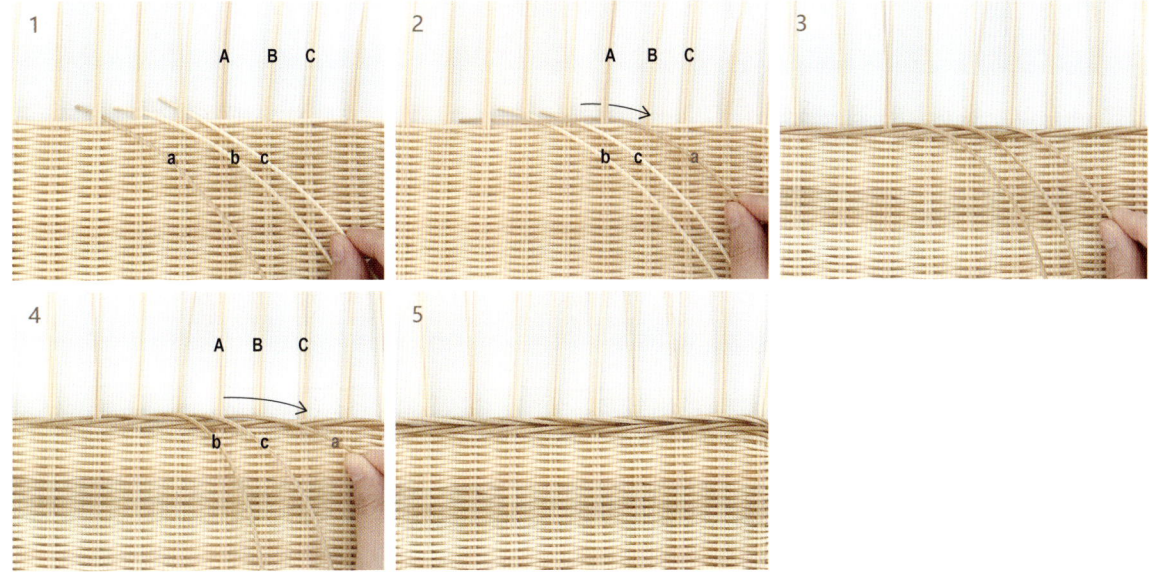

1. 사릿대 3줄을 날대 사이에 나란히 넣어 세줄꼬아엮기를 준비합니다(47쪽 세
   줄꼬아엮기 참조).
2. a사릿대를 A날대에 걸어주며 세줄꼬아엮기를 시작합니다.
3. 세줄꼬아엮기 1바퀴를 엮은 후 사릿대 3줄은 날대 앞으로 빼줍니다.
4. a사릿대를 b, c사릿대 아래를 지나 A날대에 걸어주며 세줄꼬아엮기(아래로)
   를 시작합니다[49쪽 세줄꼬아엮기(아래로) 참조].
5. 세줄꼬아엮기(아래로) 1바퀴를 엮어 솔잎무늬를 완성합니다.

3 체크무늬

두꺼운 평심과 얇은 환심을 서로 엇갈리게 엮으며 만드는 무늬입니다.

1. 두꺼운 평심(4~5mm) 1줄을 날대 뒤로 넣어줍니다.
2. 평심 사릿대를 이용해 1바퀴 엮어줍니다.
3. 시작점에서 2칸 지나 사릿대를 잘라줍니다.
4. 사릿대를 날대 뒤로 넣어 고정해줍니다.
5. 평심과 교차되도록 환심 사릿대 1바퀴 엮은 후 잘라냅니다.
6. 과정 2~5를 반복하며 '평심-환심-평심-환심-평심' 순으로 체크무늬를 완성합니다.

4 방울무늬

울타리무늬 사이로 동그란 모양이 겹치도록 엮어주는 무늬입니다

1. 울타리무늬 2칸을 만든 라탄 바구니를 준비합니다. 이때 울타리무늬의 위 아래 간격이 너무 좁거나 넓지 않은 게 좋아요.
2. 송곳을 이용해 날대 1조 옆으로 틈을 만들어줍니다.
3. 새로운 사릿대 1줄을 준비해 과정 2에서 만든 틈으로 끼워줍니다.
4. 송곳을 이용해 D날대 왼쪽으로 틈을 만들어줍니다.
5. 화살표 방향대로 날대와 사릿대 사이를 통과하며 동그란 방울무늬를 시작 합니다.
6. 송곳을 이용해 B날대 오른쪽으로 틈을 만들어줍니다.

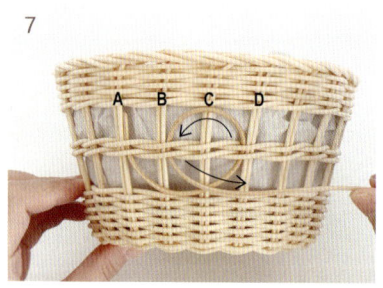

7. 사릿대로 동그란 모양을 만들며 B날대 틈으로 끼워줍니다.

8. 사릿대를 동그랗게 말아주며 E날대 왼쪽 틈으로 끼워줍니다.

9. 사릿대를 C날대 오른쪽 틈으로 끼우며 1칸 겹치는 방울무늬를 만들어
줍니다.

10. 과정 4~9를 반복하며 방울무늬를 계속 만들어줍니다. 이때 사용하던
사릿대가 짧아졌다면 새로운 사릿대로 이어줄 수 있어요.

11. 송곳을 이용해 짧아진 사릿대와 날대 사이에 틈을 만들어줍니다.

12. 새로운 사릿대를 과정 11에서 만든 틈에 끼워줍니다.

13. 사용하던 사릿대와 새로운 사릿대는 짧게 잘라낸 후 방울무늬 엮기를
이어갑니다.

14. 날대가 2조 남을 때까지 방울무늬를 만들어줍니다.

15. 화살표 방향대로 사릿대를 통과시켜 C날대 왼쪽 틈으로 끼워줍니다.

16. 사릿대로 동그란 모양을 만들며 A날대 오른쪽 틈으로 끼워줍니다.

17. 화살표 방향대로 사릿대를 통과시켜 D날대 왼쪽 틈으로 끼워줍니다.

18. 사릿대를 화살표 방향대로 통과시켜 동그란 모양을 만든 후 시작점 날대
와 사릿대 사이에 끼워줍니다.

19. 남은 사릿대는 짧게 잘라내며 방울무늬를 완성합니다.

5 X그물무늬

환심 3줄을 X무늬로 덮어주는 무늬입니다. 이때 환심 3줄 대신 두꺼운 평심을 사용해도 좋아요.

1. 날대의 조가 짝수인 바구니를 준비한 후 따라엮기를 하던 사릿대 중 왼쪽 사릿대는 잘라냅니다.
2. 새로운 사릿대 3줄을 나란히 잡은 채로 과정 1에서 잘라낸 사릿대 자리에 넣으며 X그물무늬를 준비합니다.
3. 새로운 사릿대 1줄을 다음 날대 뒤로 넣어줍니다.
4. a사릿대를 A날대에 걸어줍니다.
5. b사릿대를 B날대 대각선 아래로 걸어줍니다.
6. c사릿대를 B날대 대각선 위로 걸어줍니다. 이때 b, c사릿대가 X모양이 됩니다.
7. a사릿대를 C날대에 걸어줍니다.

8. c사릿대를 D날대 대각선 아래로 걸어줍니다.
9. b사릿대를 D날대 대각선 위로 걸어줍니다. 이때 b, c사릿대가 X모양이
   됩니다.
10. 과정 4~9를 반복하며 X그물무늬를 1바퀴 엮은 후 멈춰줍니다.
11. a사릿대를 시작점 날대에 걸어줍니다.
12. a사릿대 3줄을 짧게 잘라냅니다.
13. 송곳을 이용해 b사릿대가 들어갈 틈을 만들어줍니다.
14. b사릿대를 과정 13에서 만든 틈으로 넣어줍니다.
15. c사릿대를 A날대 대각선 위로 걸어줍니다.
16. 사용하던 사릿대는 모두 짧게 잘라냅니다.

6 아가일무늬

피등을 이용해 다이아몬드 모양을 반복해서 만드는 무늬입니다.

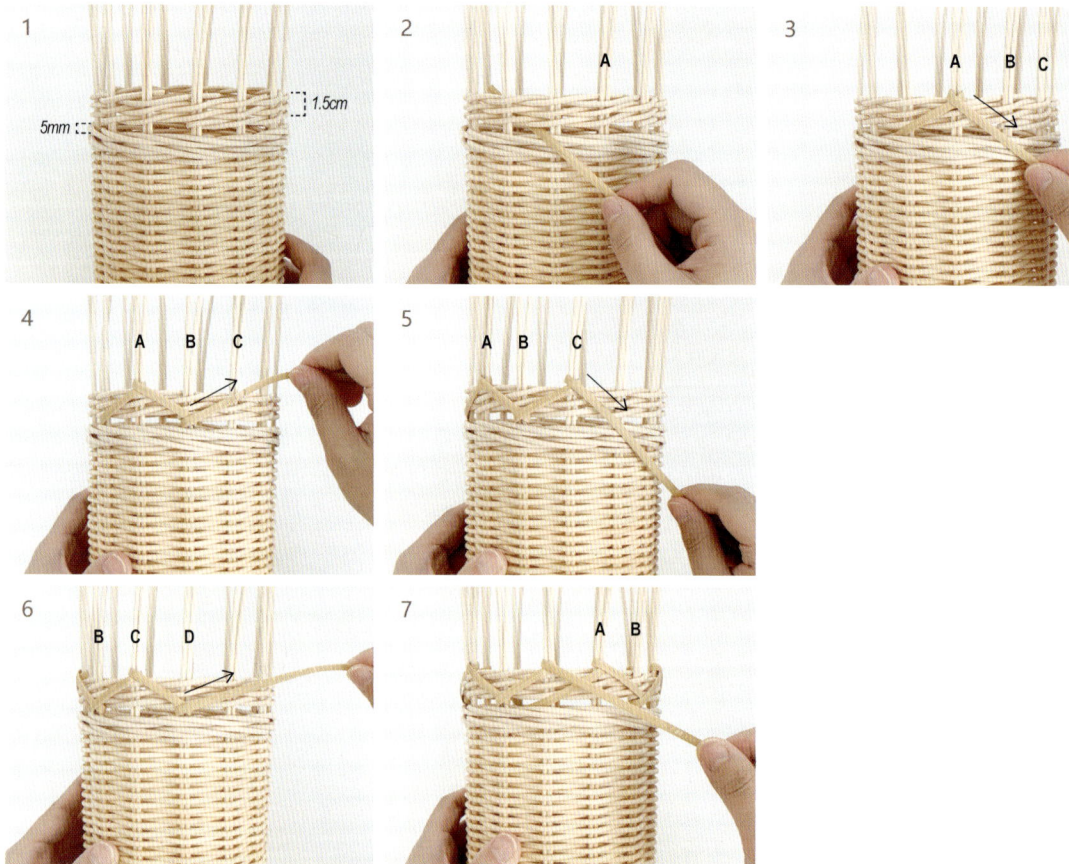

1. 날대의 조가 홀수인 바구니를 준비한 후 여백 5mm를 띄워 꼬아엮기로 높이 1.5cm 정도를 엮어줍니다.
2. 4mm 피등 1줄을 꼬아엮기 아래 틈으로 넣어줍니다.
3. 피등을 이용해 A날대를 1바퀴 감으며 내려갑니다.
4. 피등을 이용해 B날대를 1바퀴 감으며 올라갑니다.
5. 피등을 이용해 C날대를 감으며 내려갑니다.
6. 피등을 이용해 D날대를 감으며 올라갑니다.
7. 과정 3~6을 반복하며 1바퀴 엮은 모습입니다.

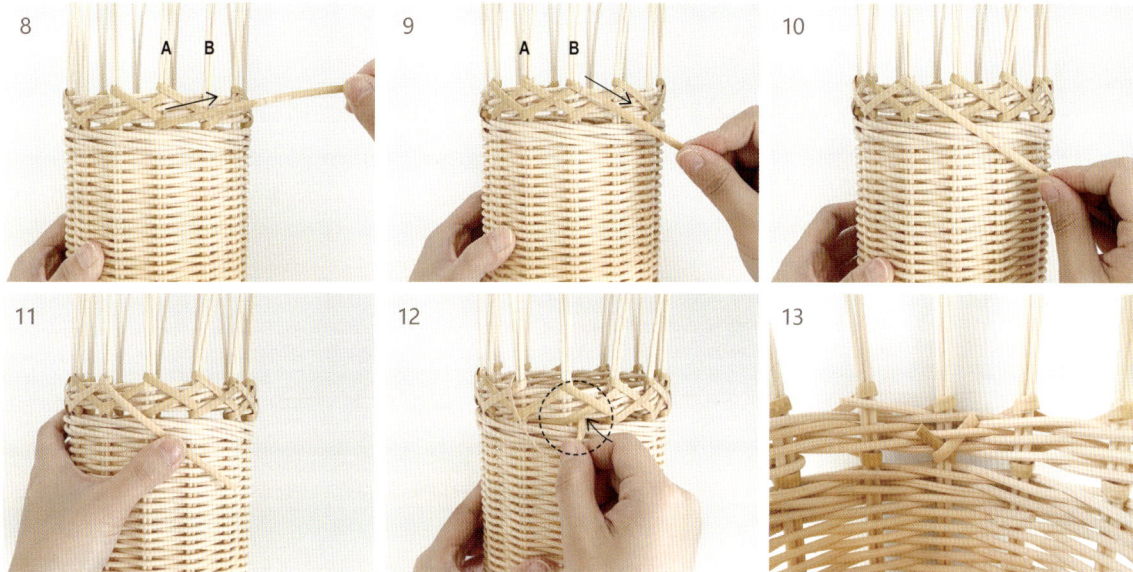

8. 피등을 이용해 A날대를 1바퀴 감으며 올라갑니다.

9. 피등을 이용해 B날대를 1바퀴 감으며 내려갑니다.

10. 과정 8~9를 반복하며 1바퀴 엮은 후 시작점에서 멈춰줍니다.

11. 사용하던 피등을 여유 있게 잘라냅니다.

12. 잘라낸 피등은 시작점 날대 옆으로 넣어줍니다.

13. 남은 피등은 날대 뒤로 끼워 넣어 고정한 뒤 짧게 잘라냅니다.

1 하상하마무리

날대를 1조씩 접으며 작품을 완성하는 쉽고 기본적인 마무리 기법입니다.

1. 날대 1조를 다음 날대의 하상하 (아래-위-아래) 순서로 배치하며 오른쪽으로 접어줍니다. 이때 첫 날대는 공간을 조금 띄워 시작합니다.
2. 다음 날대도 같은 방법으로 하상하 순서로 접어줍니다. 이때 빈틈이 없도록 바짝 붙여줍니다.
3. 날대가 2조 남을 때까지 과정 1~2를 반복합니다.
4. A날대를 화살표 방향대로 하상하 순서에 맞게 접어줍니다.
5. B날대를 화살표 방향대로 하상하 순서에 맞게 접으며 하상하 마무리를 완성합니다.

2 하상하상하마무리

하상하마무리를 응용한 기법입니다. 날대의 길이를 조금 더 여유 있게 준비해주세요.

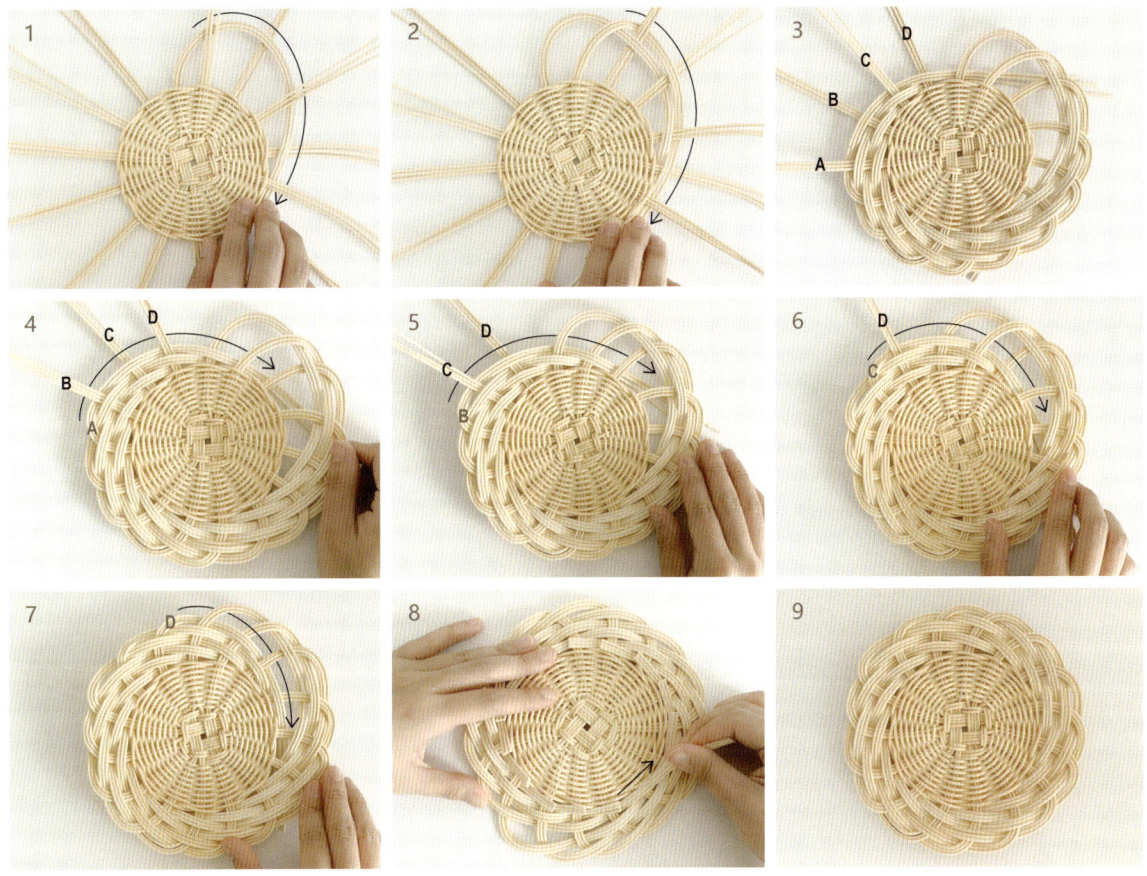

1. 날대 1조를 다음 날대의 하상하상하(아래-위-아래-위-아래) 순서로 배치하며 오른쪽으로 접어줍니다. 이때 첫 날대는 공간을 조금 띄워 시작합니다.
2. 다음 날대도 같은 방법으로 하상하상하 순서로 접어줍니다. 이때 빈틈이 없도록 바짝 붙여줍니다.
3. 날대가 4조 남을 때까지 과정 1~2를 반복합니다.
4. A날대를 화살표 방향대로 하상하상하 순서에 맞게 접어줍니다.
5. B날대를 화살표 방향대로 하상하상하 순서에 맞게 접어줍니다.
6. C날대를 화살표 방향대로 하상하상하 순서에 맞게 접어줍니다.
7. D날대를 화살표 방향대로 하상하상하 순서에 맞게 접어줍니다.
8. 뒤로 나온 날대를 당겨 빈틈을 없앤 후 남은 날대들은 짧게 잘라냅니다. 이때 날대를 너무 세게 당기면 작업물이 오목해질 수 있으니 조심해주세요.
9. 하상하상하마무리를 완성한 모습입니다.

3 한줄엮어마무리

날대를 1줄씩 엮으며 작품을 완성하는 기법입니다. 두께감 없이 심플하게 마무리할 수 있습니다.

1. 모든 날대를 1줄 1조로 만들어줍니다.

2. A날대를 B날대 뒤에서 나오도록 젖혀줍니다.

3. B날대를 C날대 뒤에서 나오도록 젖혀줍니다.

4. 날대가 1줄 남을 때까지 과정 2~3을 반복합니다.

5. 남은 날대 1줄은 A날대 틈으로 넣어줍니다.

6. A날대를 C날대 틈으로 넣어줍니다.

7. B날대를 D날대 틈으로 넣어줍니다.

8. 날대가 2줄 남을 때까지 과정 6~7을 반복합니다.

9. A날대를 C날대 틈으로 넣어줍니다.

10. B날대를 D날대 틈으로 넣어줍니다.

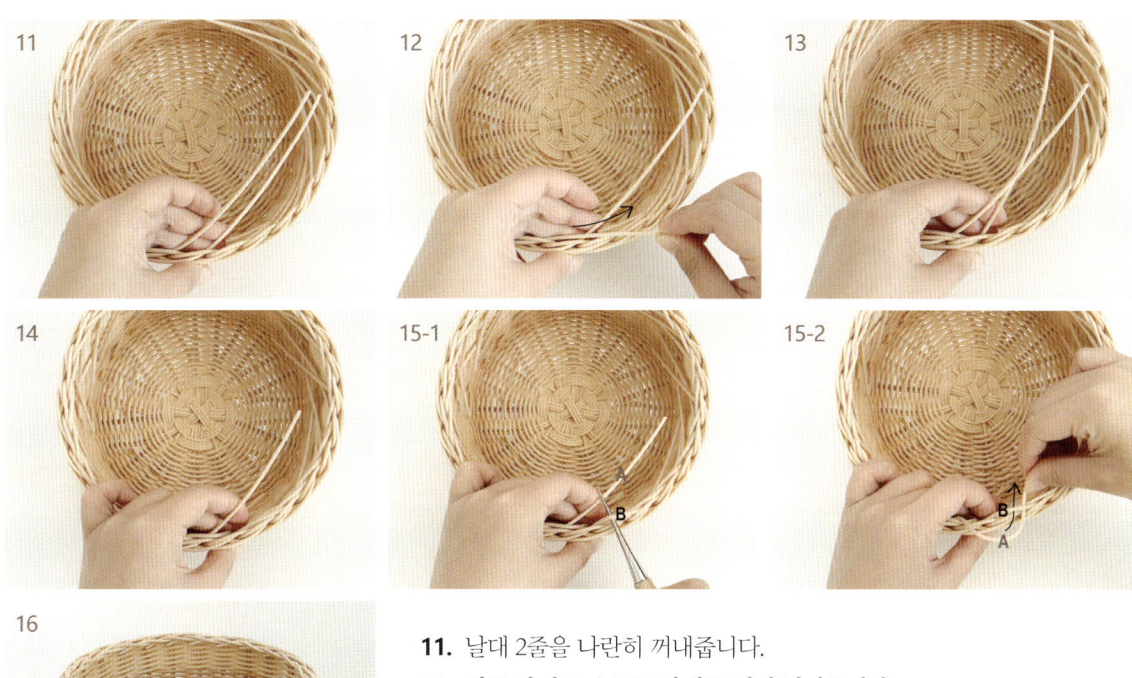

11. 날대 2줄을 나란히 꺼내줍니다.

12. 왼쪽 날대로 오른쪽 날대를 덮어 넣어줍니다.

13. 다음 오른쪽 날대를 하나 더 꺼내줍니다.

14. 날대가 1줄 남을 때까지 과정 12~13을 반복합니다.

15. 남은 A날대를 B날대 틈으로 넣어줍니다.

16. 한줄엮어마무리를 완성한 모습입니다.

4 두줄엮어마무리

날대를 2줄씩 엮으며 작품을 완성하는 기법입니다. 두께감 있고 튼튼하게 마무리할 수 있습니다.

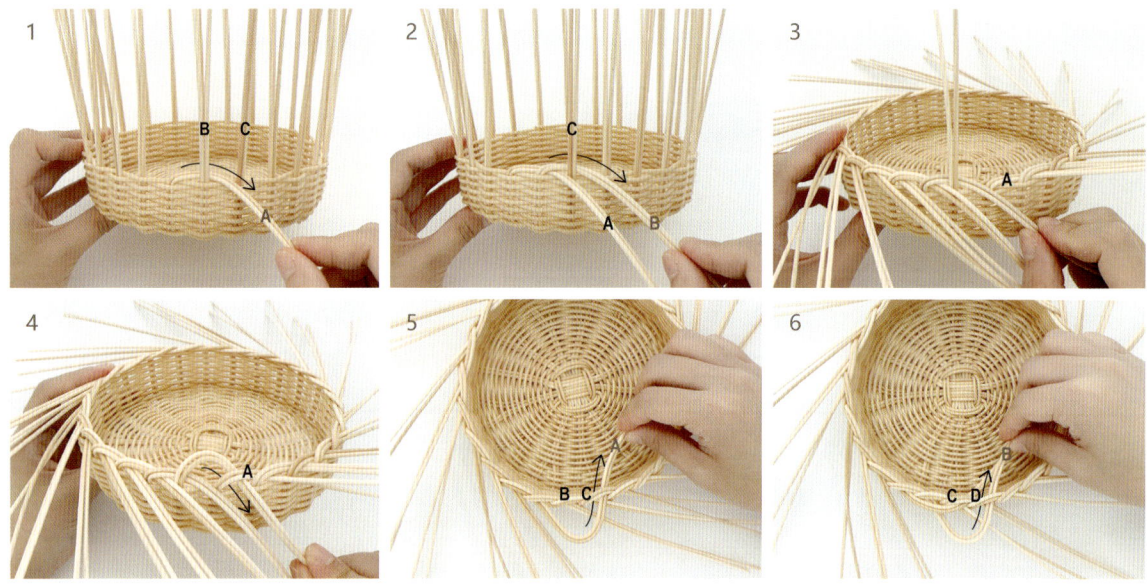

1. A날대를 B날대 뒤에서 나오도록 젖혀줍니다.
2. B날대를 C날대 뒤에서 나오도록 젖혀줍니다.
3. 날대가 1조 남을 때까지 과정 1~2를 반복해줍니다.
4. 남은 날대 1조는 A날대 틈으로 넣어줍니다.
5. A날대를 C날대 틈으로 넣어줍니다.
6. B날대를 D날대 틈으로 넣어줍니다.

7. 날대가 2조 남을 때까지 과정 5~6을 반복합니다.
8. A날대를 C날대 틈으로 넣어줍니다.
9. B날대를 D날대 틈으로 넣어줍니다.

10. 날대 2조를 나란히 꺼내줍니다.

11. 왼쪽 날대로 오른쪽 날대를 덮어 넣어준 후 다음 날대를 하나 더 꺼내줍니다.

12. 왼쪽 날대로 오른쪽 날대를 덮어 넣어준 후 다음 날대를 하나 더 꺼내줍니다.

13. 날대가 1조 남을 때까지 과정 11~12를 반복합니다.

14. 남은 A날대를 B날대 틈으로 넣어줍니다.

15. 두줄엮어마무리를 완성한 모습입니다.

5 젖혀마무리

날대를 틈 없이 젖혀주며 마무리하는 기법입니다.

1. A날대를 오른쪽으로 젖혀줍니다.
2. A날대로 오른쪽 날대 2줄을 지나 안쪽으로 넣어줍니다.
3. B날대를 오른쪽으로 젖혀줍니다.
4. B날대로 오른쪽 날대 2줄을 지나 안쪽으로 넣어줍니다.
5. C날대를 오른쪽으로 젖혀줍니다.
6. C날대로 오른쪽 날대 2줄을 지나 안쪽으로 넣어줍니다.
7. 날대가 2줄 남을 때까지 과정 1~6을 반복합니다.

8. 송곳으로 시작점 날대에 틈을 만들어줍니다.

9. A날대를 과정 8의 틈으로 넣어줍니다.

10. 송곳으로 시작점 다음 날대에 틈을 만들어줍니다.

11. B날대를 과정 10의 틈으로 넣어줍니다.

12. 젖혀마무리를 완성한 모습입니다.

13. 안쪽으로 젖혀마무리 1줄을 더 엮어주면 더욱 튼튼하게 마무리할 수 있습니다.

6 감아젖혀마무리

심대를 감으며 작품을 마무리하는 감아마무리와 젖혀마무리를 함께 사용하는 기법입니다. 보다 더 단단하게 마무리할 수 있습니다.

1. 새로운 사릿대 1줄을 이용해 작업물 둘레보다 여유 있는 길이로 심대를 준비합니다.
2. 심대를 올려줍니다.
3. A날대로 심대를 감아줍니다.
4. A날대를 D날대 옆으로 넣어줍니다.
5. B날대로 심대를 감아줍니다.
6. B날대를 E날대 옆으로 넣어줍니다.
7. C날대로 심대를 감아줍니다.
8. C날대를 F날대 옆으로 넣어줍니다.
9. 날대가 3줄 남을 때까지 과정 3~8을 반복합니다.

10. 심대는 끝이 맞닿도록 잘라냅니다.

11. 송곳으로 D날대 틈을 만들어 A날대를 넣어줍니다.

12. 송곳으로 E날대 틈을 만들어 B날대를 넣어줍니다.

13. 송곳으로 F날대 틈을 만들어 C날대를 넣어줍니다.

14. 감아마무리를 완성한 모습입니다.

15. 날대 3줄을 꺼내줍니다.

16. 왼쪽 날대로 오른쪽 날대 2줄을 덮어 넣어줍니다.

17. 오른쪽 날대를 1줄 더 꺼내줍니다.

18. 왼쪽 날대로 오른쪽 날대 2줄을 덮어 넣어줍니다.

19. 오른쪽 날대를 1줄 더 꺼내줍니다.

20. 날대 2줄이 남을 때까지 과정 16~19를 반복합니다.

21. 송곳으로 시작점 날대에 틈을 만들어줍니다.

22. A날대를 과정 21의 틈으로 넣어줍니다.

23. 송곳으로 시작점 다음 날대에 틈을 만들어줍니다.

24. B날대를 과정 23의 틈으로 넣어줍니다.

25. 감아젖혀마무리를 완성한 모습입니다.

7 땋아마무리

머리를 땋은 모양을 닮은 마무리입니다. 마무리할 날대 길이를 20cm 이상 남겨 준비해주세요.

[기초 작업]

마무리 작업을 위해 충분한 여백을
주면서 엮어주세요.

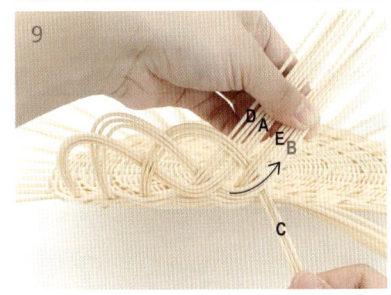

1. 날대 2조를 직각으로 세웁니다.
2. A날대를 나란히 잡은 채로 C날대 오른쪽으로 내려줍니다.
3. C날대를 직각으로 세워줍니다.
4. B날대를 나란히 잡은 채로 D날대 오른쪽으로 내려줍니다.
5. D날대를 직각으로 세워줍니다.
6. A날대를 동그랗게 올려 D날대 옆으로 나란히 세워줍니다.
7. C날대를 나란히 잡은 채로 E날대 오른쪽으로 내려줍니다.
8. E날대를 직각으로 세워줍니다.
9. B날대를 동그랗게 올려 E날대 옆으로 나란히 세워줍니다.

[딿은 모양 잡아주는 단계]

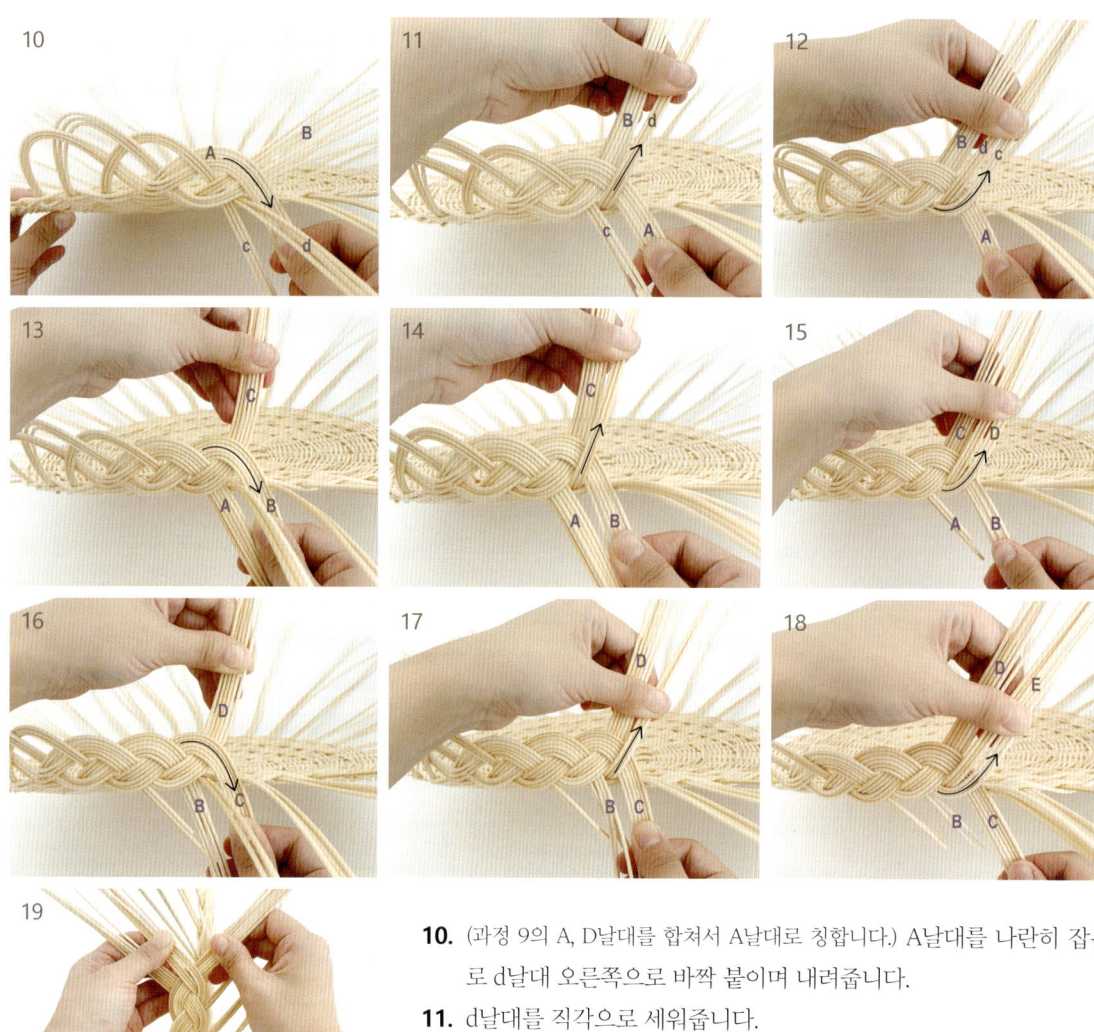

10. (과정 9의 A, D날대를 합쳐서 A날대로 칭합니다.) A날대를 나란히 잡은 채로 d날대 오른쪽으로 바짝 붙이며 내려줍니다.

11. d날대를 직각으로 세워줍니다.

12. c날대를 동그랗게 올려 d날대 옆으로 나란히 세워줍니다. c날대와 d날대가 합쳐진 날대는 C날대로 칭합니다.

13. B날대를 나란히 잡은 채로 바짝 붙이며 내려줍니다.

14. A날대와 B날대 사이에 남은 날대 3줄을 나란히 직각으로 세워줍니다.

15. A날대의 긴 3줄만 동그랗게 올려 D날대를 만들어줍니다.

16. C날대를 나란히 잡은 채로 바짝 붙이며 내려줍니다.

17. B날대와 C날대 사이에 남은 날대 3줄을 나란히 직각으로 세워줍니다.

18. B날대의 긴 3줄만 동그랗게 올려 E날대를 만들어줍니다.

19. 작업물을 세로로 세워서 작업하면 조금 더 편하게 엮을 수 있어요.

[여백 채워가며 마무리 단계]

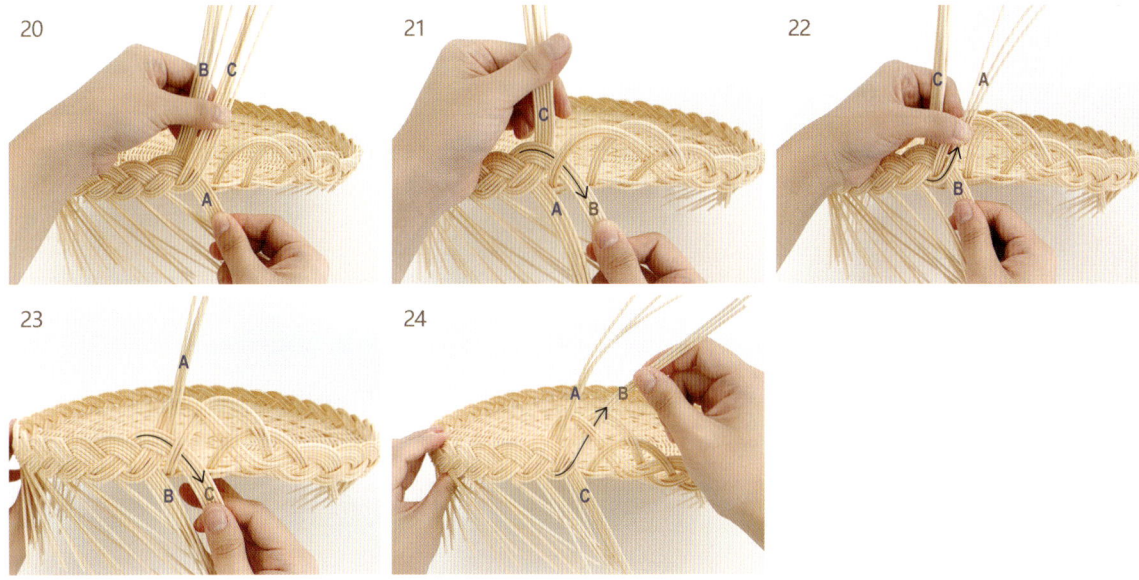

20. 지금까지의 과정을 반복하며 마지막 날대까지 바짝 붙이며 땋은 모양을 만들어줍니다.

21. B날대를 나란히 잡은 채로 바짝 붙이며 내려줍니다.

22. A날대의 긴 3줄만 동그랗게 올려줍니다.

23. C날대를 나란히 잡은 채로 바짝 붙이며 내려줍니다.

24. B날대의 긴 3줄만 동그랗게 올려줍니다.

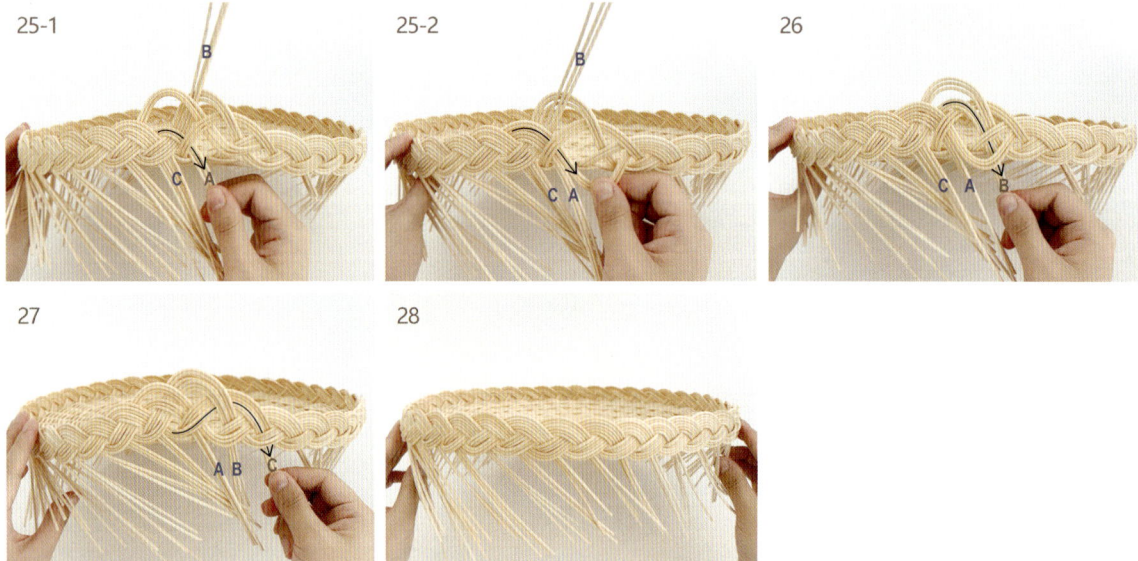

25. A날대를 화살표 방향대로 바짝 당겨 틈이 없도록 엮어줍니다.

26. B날대를 화살표 방향대로 아래로 엮어줍니다. 이때 남은 마무리 작업을 위해 날대를 바짝 당기지 마세요.

27. C날대의 긴 3줄만 화살표 방향대로 엮어줍니다.

28. 지금까지 엮은 자리를 유지하면서 날대 순서대로 틈 없이 바짝 당겨주어 땋아마무리를 완성합니다.

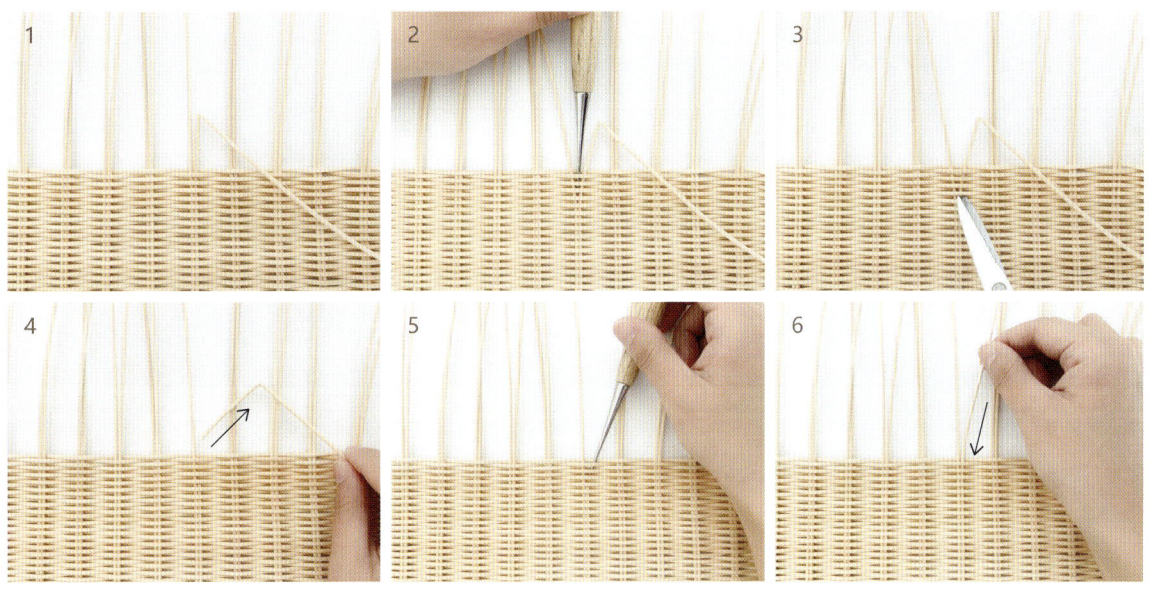

1. 작업 중에 날대가 부러졌을 경우 새로운 날대로 교체해줄 수 있습니다.
2. 송곳을 이용해 부러진 날대 옆으로 틈을 만들어줍니다.
3. 부러진 날대를 2cm 정도 아래에서 일자로 반듯하게 잘라냅니다.
4. 날대를 제거합니다.
5. 송곳을 이용해 날대를 제거한 자리의 틈을 더 벌려줍니다.
6. 일자로 반듯하게 잘라낸 새로운 날대를 틈으로 바짝 넣어줍니다.

1 환심

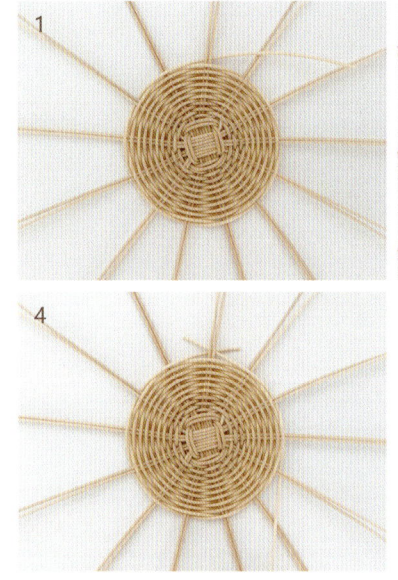

1. 사용하던 사릿대가 짧아졌을 경우 새로운 사릿대로 교체해줍니다.
2. 사릿대가 날대 뒤에서 끝나도록 짧게 잘라냅니다.
3. 새로운 사릿대를 같은 날대 뒤에서 X모양이 되도록 넣어줍니다.
4. 새로운 사릿대로 작업을 이어갑니다.

2 피등과 평심

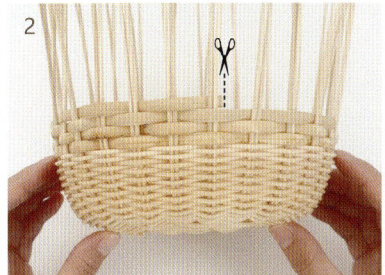

1. 사용중인 사릿대가 넓은 피등이나 넓은 평심일 경우 환심과 다른 방법으로 사릿대를 교체해줍니다.
2. 사릿대가 날대 뒤에서 끝나도록 짧게 잘라냅니다.
3. 새로운 사릿대와 기존 사릿대가 2칸 겹치도록 넣어줍니다.
4. 새로운 사릿대가 위로 오도록 2줄을 겹쳐준 후 작업을 이어갑니다.

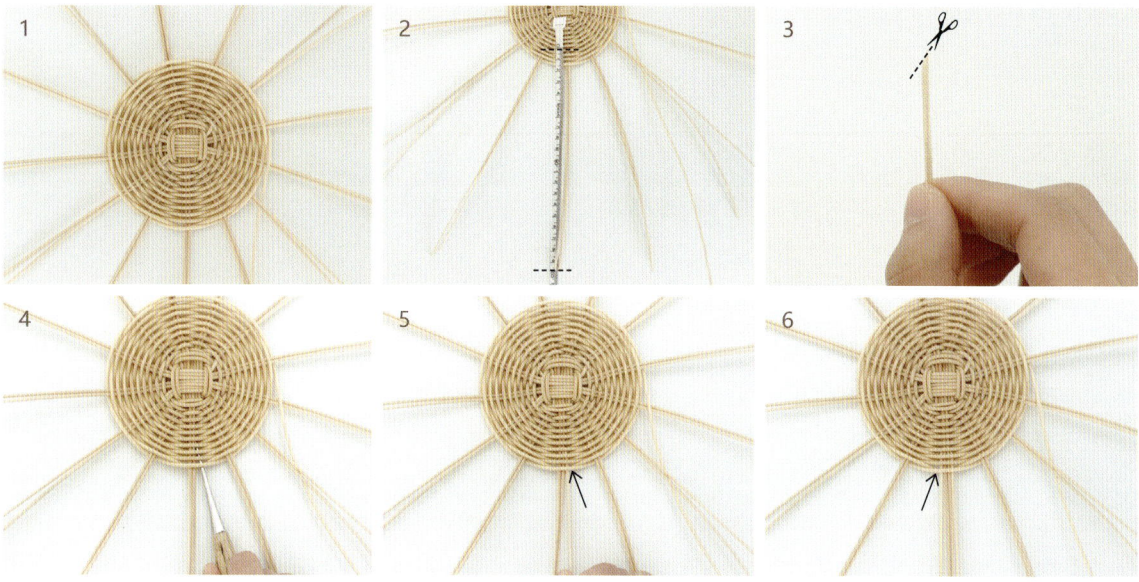

1. 날대 사이 간격이 2cm 이상 벌어지면 날대의 힘이 부족할 수 있습니다.
   이때 덧날대를 끼워 새로운 뼈대를 추가해줍니다.
2. 남은 날대 길이에 약 1.5cm를 더해 덧날대를 재단해줍니다.
3. 덧날대 끝을 사선으로 잘라줍니다.
4. 송곳을 이용해 날대 옆으로 틈을 만들어줍니다.
5. 덧날대 1줄을 과정 4에서 만든 틈으로 끼워줍니다.
6. 날대 반대쪽 옆으로 덧날대를 1줄 더 끼워줍니다.

완성 후 날대와
사릿대 정리하기

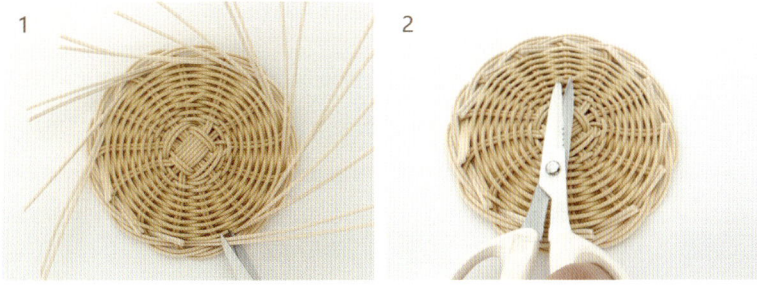

1. 완성한 작품의 남은 날대는 짧게 잘라 정리합니다. 이때 너무 짧게 자르면
   풀릴 수 있으니 조심하세요.
2. 길게 남은 사릿대는 X모양을 유지하며 짧게 사선으로 잘라냅니다.

PART 2

라탄 공예 작품을 만들다

1

원형 트레이

날대 : 2.0mm 환심 60cm × 16줄
사릿대 : 2.0mm 환심

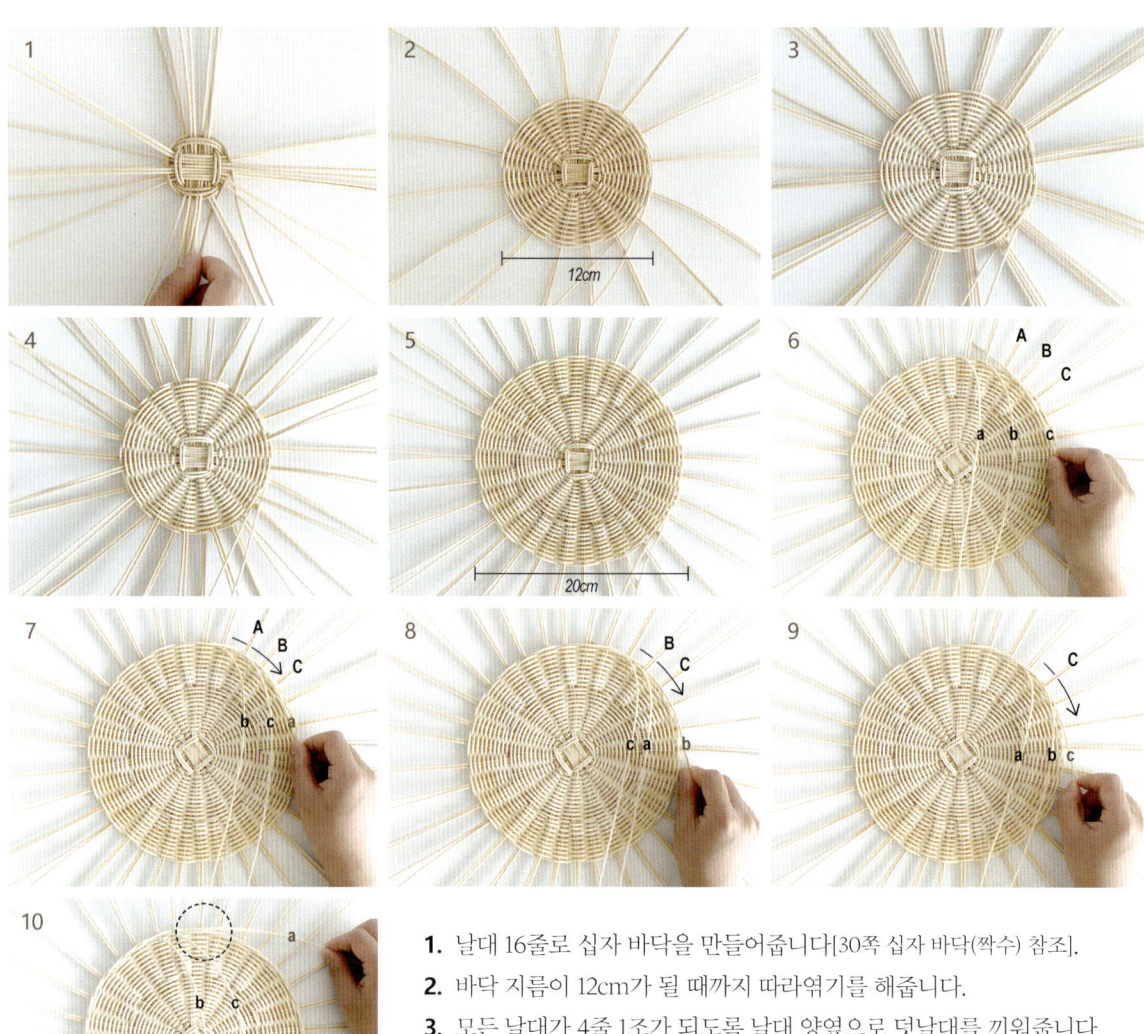

1. 날대 16줄로 십자 바닥을 만들어줍니다[30쪽 십자 바닥(짝수) 참조].
2. 바닥 지름이 12cm가 될 때까지 따라엮기를 해줍니다.
3. 모든 날대가 4줄 1조가 되도록 날대 양옆으로 덧날대를 끼워줍니다.
4. 날대를 다시 2줄 1조로 나누어줍니다.
5. 바닥 지름이 20cm가 될 때까지 따라엮기로 엮어줍니다.
6. 새로운 사릿대 1줄을 추가하여 세줄꼬아엮기를 준비합니다.
7. a사릿대를 A날대에 걸어주며 세줄꼬아엮기를 시작합니다(47쪽 세줄꼬아
   엮기 참조).
8. b사릿대를 B날대에 걸어줍니다.
9. c사릿대를 C날대에 걸어줍니다.
10. 과정 7~9를 반복하며 세줄꼬아엮기를 1바퀴 엮은 후 시작점과 겹치는
    부분에서 멈춰줍니다.

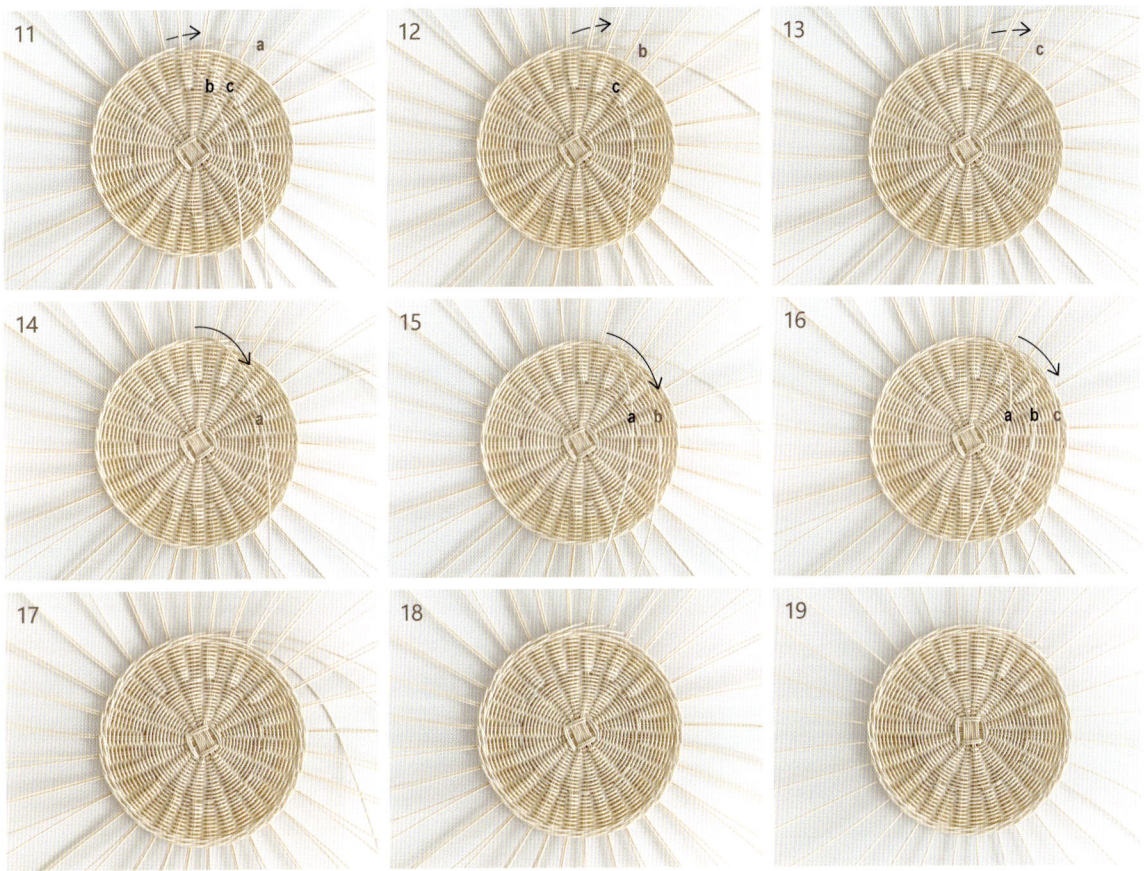

11. 사용하던 a사릿대를 날대 뒤로 넘겨줍니다.

12. b사릿대를 다음 날대 뒤로 넘겨줍니다.

13. c사릿대를 다음 날대 뒤로 넘겨줍니다.

14. a사릿대를 날대 밖으로 꺼내줍니다.

15. b사릿대를 그다음 날대 밖으로 꺼내줍니다.

16. c사릿대를 그다음 날대 밖으로 꺼내줍니다.

17. 세줄꼬아엮기를 1바퀴 더 엮어줍니다.

18. 모든 사릿대를 날대 뒤에서 잘라냅니다.

19. 모든 날대 2줄 중 오른쪽 날대 1줄을 짧게 잘라냅니다.

20. A날대를 B날대 뒤에서 나오도록 접어주며 한줄엮어마무리를 시작합니다(66쪽 한줄엮어마무리 참조).

21. B날대를 C날대 뒤에서 나오도록 접어주세요.

22. 날대가 1줄 남을 때까지 과정 20~21을 반복합니다.

23. 남은 날대 1줄은 A날대 틈으로 넣어줍니다.

24. A날대를 C날대 틈으로 넣어줍니다.

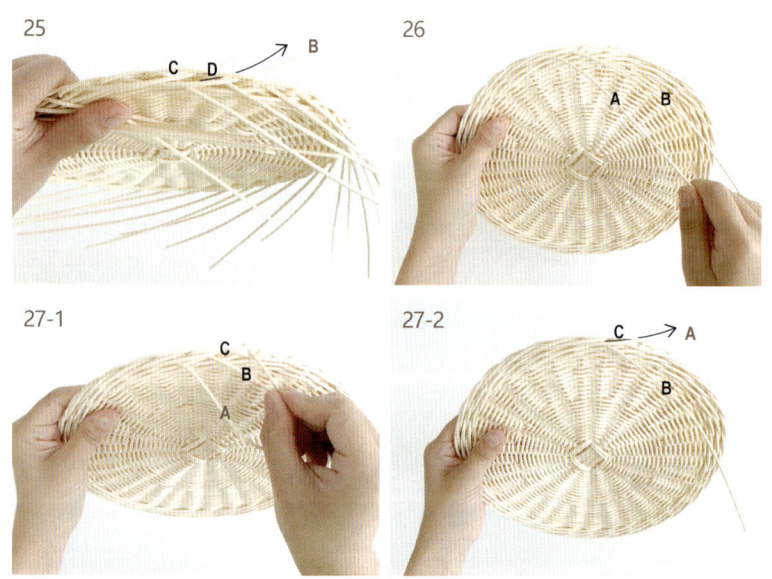

25. B날대를 D날대 틈으로 넣어줍니다.

26. 날대가 2줄 남을 때까지 과정 24~25를 반복합니다.

27. A날대를 C날대 틈으로 넣어줍니다.

28. B날대를 D날대 틈으로 넣어줍니다.

29. 날대 2줄을 나란히 꺼내줍니다.

30. 왼쪽 날대로 오른쪽 날대를 덮어 넣어줍니다.

31. 다음 오른쪽 날대를 하나 더 꺼내줍니다.

32. 왼쪽 날대로 오른쪽 날대를 덮어 넣어줍니다.

33. 날대가 1줄 남을 때까지 과정 30~32를 반복합니다.

34. 남은 A날대를 B날대 틈으로 넣어 한줄엮어마무리를 완성합니다.

35. 한줄엮어마무리를 완성한 모습입니다.

36. 날대와 사릿대를 정리하여 원형 트레이를 완성합니다.

2
쿠키볼

날대 : 2.0mm 환심 85cm × 16줄
사릿대 : 2.0mm 환심

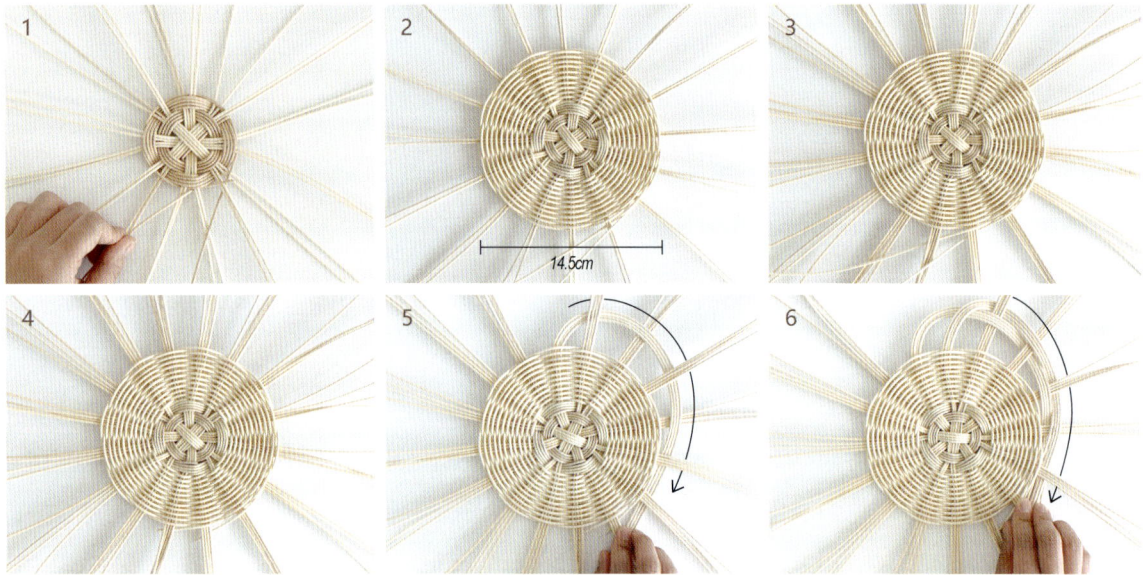

1. 날대 16줄을 이용하여 쌀미 바닥을 만들어줍니다[38쪽 쌀미 바닥(짝수) 참조].

2. 바닥 지름이 14.5cm가 될 때까지 따라엮기로 엮어줍니다.

3. 모든 날대가 4줄 1조가 되도록 날대 양옆으로 덧날대를 끼워줍니다.

4. 사용하던 사릿대는 시작점에서 잘라냅니다.

5. 날대 1조를 이용해 하상하상하마무리를 시작합니다(65쪽 하상하상하마무리 참조).

6. 다음 날대를 이용해 하상하상하마무리를 이어갑니다.

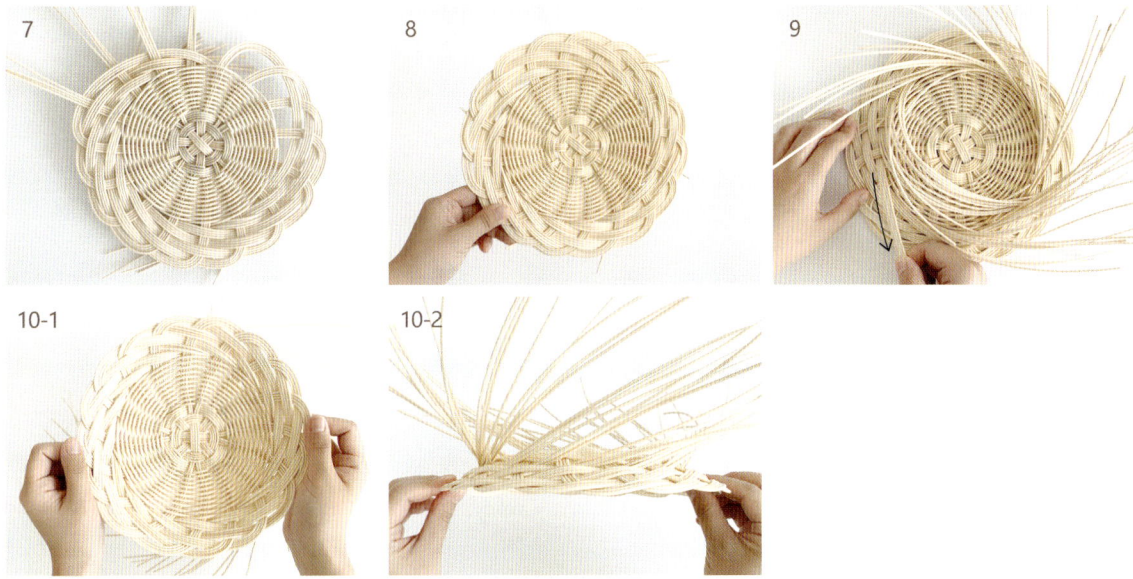

7. 날대가 4조 남을 때까지 하상하상하마무리를 해줍니다.

8. 순서대로 하상하상하마무리를 완성합니다.

9. 작업물을 뒤집어 날대를 1조씩 잡아당기며 바닥을 오목하게 만들어줍니다.

10. 바닥을 오목하게 만들어준 모습입니다.

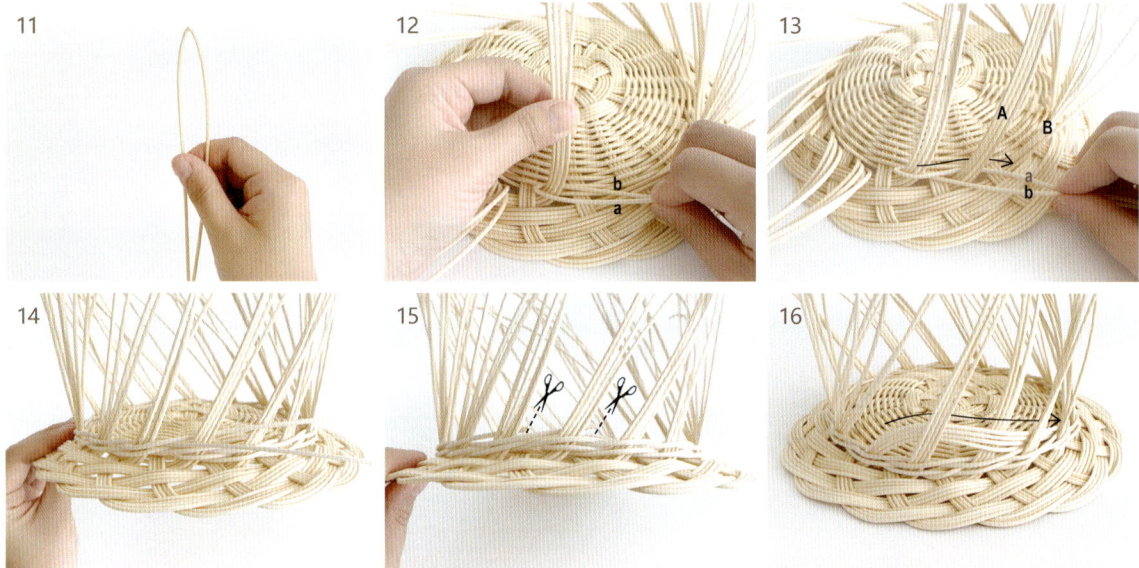

11 . 사릿대 1줄을 반으로 접어 준비합니다.

12 . 반으로 접은 사릿대를 날대 1조에 걸어 넣은 후 날대는 세워줍니다.

13. a사릿대를 A날대에 걸어주며 꼬아엮기를 시작합니다(46쪽 꼬아엮기 참조).

14. 꼬아엮기를 2바퀴 엮어줍니다.

15. 사용하던 사릿대는 시작점에서 잘라냅니다.

16. 날대 1조로 하상하마무리를 시작합니다(64쪽 하상하마무리 참조).

17. 다음 날대로 하상하마무리를 이어갑니다.

18 . 날대가 2조 남을 때까지 하상하마무리를 해줍니다.

19 . 순서대로 하상하마무리를 완성합니다.

20 . 날대와 사릿대를 정리하여 쿠키 볼을 완성합니다.

3 라탄 포트

몸통
날대 : 2.0mm 환심 70cm × 13줄
사릿대 : 2.0mm 환심

뚜껑
날대 : 2.0mm 환심 50cm × 13줄
사릿대 : 2.0mm 환심
부자재 : 우드링, 우드손잡이

[몸통]

1. 날대 13줄을 이용하여 쌀미 바닥을 만들어줍니다[36쪽 쌀미 바닥(홀수) 참조].
2. 바닥 지름이 10cm가 될 때까지 막엮기로 엮어줍니다(45쪽 막엮기 참조).
3. 시작점 날대 1조를 제외하고 모든 날대의 양옆으로 덧날대를 끼워줍니다.
4. 날대를 2줄 1조씩 나누며 막엮기를 이어나갑니다.
5. 바닥 지름이 15cm가 될 때까지 막엮기를 해줍니다.
6. 작업물을 뒤집어줍니다.
7. 새로운 사릿대 2줄을 추가하여 세줄꼬아엮기를 준비합니다.

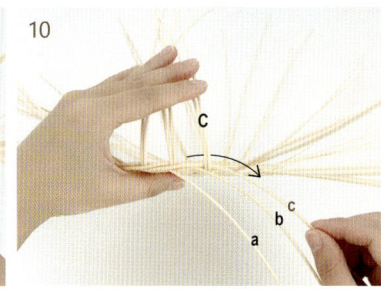

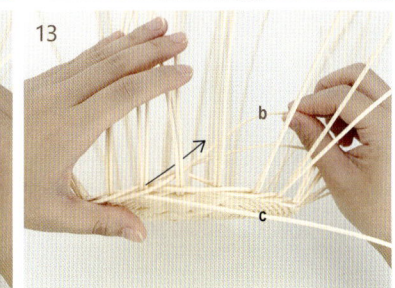

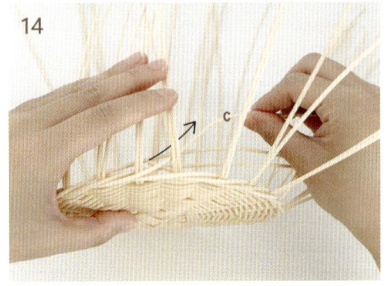

8. a사릿대를 A날대에 걸어주며 세줄꼬아엮기를 시작합니다. 이때 날대 는 계속 직각으로 세워줍니다(47쪽 세줄꼬아엮기 참조).

9. b사릿대를 B날대에 걸어줍니다.

10. c사릿대를 C날대에 걸어줍니다.

11. 과정 8~10을 반복하며 세줄꼬아엮기를 1바퀴 엮은 후 시작점과 겹치는 부분에서 멈춰줍니다.

12. 사용하던 a사릿대를 날대 뒤로 넘겨줍니다.

13. b사릿대를 다음 날대 뒤로 넘겨줍니다.

14. c사릿대를 다음 날대 뒤로 넘겨줍니다.

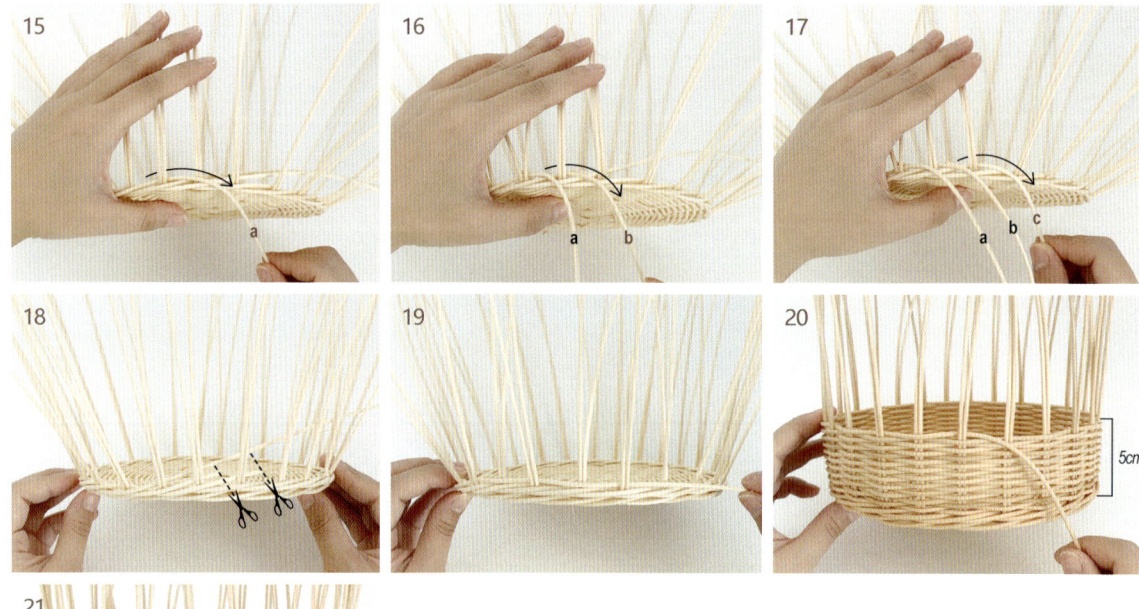

15. a사릿대를 날대 밖으로 꺼내줍니다.

16. b사릿대를 그다음 날대 밖으로 꺼내줍니다.

17. c사릿대를 그다음 날대 밖으로 꺼내줍니다.

18. 과정 8~14를 반복하며 세줄꼬아엮기를 1바퀴 더 엮어줍니다.
사릿대 2줄을 날대 뒤에서 잘라냅니다.

19. 남은 사릿대로 막엮기를 시작합니다.

20. 전체 높이 5cm가 될 때까지 막엮기를 해줍니다.

21. 새로운 사릿대 2줄을 추가하여 세줄꼬아엮기를 준비합니다.

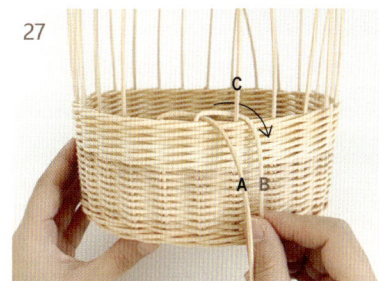

22. a사릿대를 A날대에 걸어주며 세줄꼬아엮기를 시작합니다 (47쪽 세줄꼬아엮기 참조).

23. 과정 8~17을 반복하며 세줄꼬아엮기를 총 6바퀴 엮어줍니다.

24. 남은 사릿대는 모두 날대 뒤에서 잘라냅니다.

25. 모든 날대 2줄 중 오른쪽 날대 1줄을 짧게 잘라냅니다.

26. A날대를 B날대 뒤에서 나오도록 젖혀주며 한줄엮어마무리를 시작합니다(66쪽 한줄엮어마무리 참조).

27. B날대를 C날대 뒤에서 나오도록 젖혀줍니다.

28. 날대가 1줄 남을 때까지 과정 26~27을 반복합니다.

29. 남은 날대 1줄은 A날대 틈으로 넣어줍니다.

30. A날대를 C날대 틈으로 넣어줍니다.

31. B날대를 D날대 틈으로 넣어줍니다.

32. 날대가 2줄 남을 때까지 과정 30~31을 반복합니다.

33. A날대를 C날대 틈으로 넣어줍니다.

34. B날대를 D날대 틈으로 넣어줍니다.

35. 날대 2줄을 나란히 꺼내줍니다.

36. 왼쪽 날대로 오른쪽 날대를 덮어 넣어줍니다.

37. 다음 오른쪽 날대를 하나 더 꺼내줍니다.

38. 날대가 1줄 남을 때까지 과정 36~37을 반복합니다.

39. 남은 A날대를 B날대 틈으로 넣으며 한줄엮어마무리를 완성합니다.

40. 날대와 사릿대를 정리하여 라탄 포트 몸통을 완성합니다.

41. 손잡이를 달아줄 위치에 송곳을 이용해 틈을 만들어줍니다.

42. 사릿대 1줄을 손잡이 틈으로 5cm 정도 넣어줍니다.

43. 손잡이 위치를 확인합니다.

44. 손잡이 아래로 사릿대가 들어갈 틈을 만들어줍니다.

45. 사용하던 사릿대로 손잡이를 감아 과정 44에서 만든 틈으로 넣어줍니다.

46. 안쪽의 사릿대를 함께 감으며 과정 41에서 만든 틈으로 사릿대를 빼줍니다.

47. 과정 45~46을 반복하며 3바퀴 더 감아줍니다.

48. 손잡이와 감아준 사릿대 사이로 송곳을 넣어 틈을 만들어줍니다.

49. 사릿대를 틈으로 바짝 당겨 빼줍니다.
50. 송곳을 이용해 과정 44에서 만든 틈을 더 벌려줍니다.
51. 사릿대를 틈으로 바짝 당겨 넣어줍니다.
52. 안쪽의 사릿대는 짧게 잘라냅니다.
53. 같은 방법으로 반대편에도 손잡이를 달아주세요.

[뚜껑]

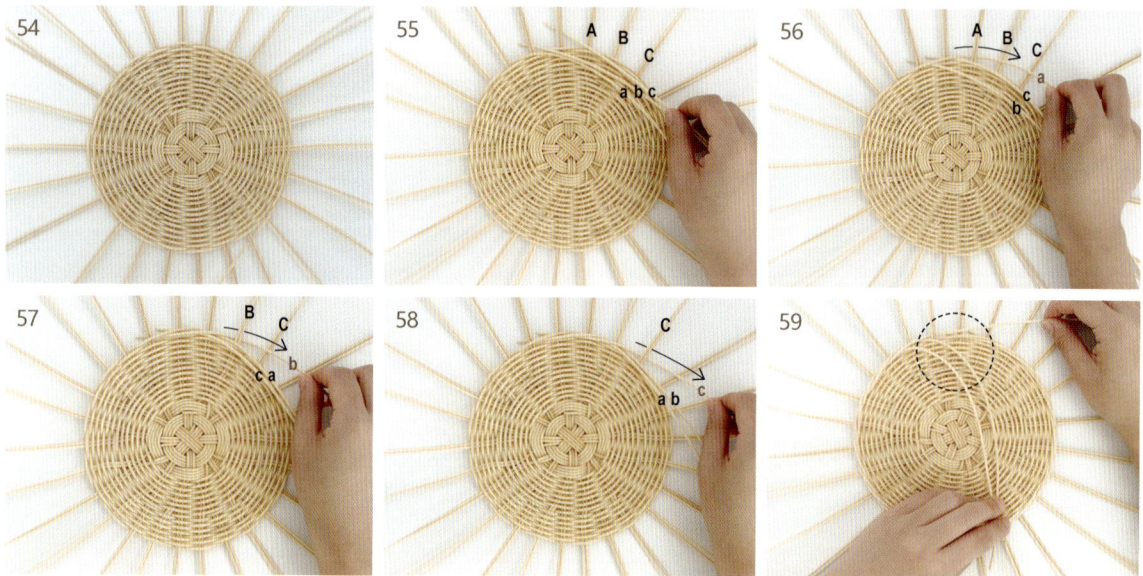

54. 과정 1~5와 같은 방법으로 뚜껑이 될 바닥을 만들어줍니다.

55. 새로운 사릿대 2줄을 추가하여 세줄꼬아엮기를 준비합니다.

56. a사릿대를 A날대에 걸어주며 세줄꼬아엮기를 시작합니다(47쪽 세줄꼬아엮기 참조).

57. b사릿대를 B날대에 걸어줍니다.

58. c사릿대를 C날대에 걸어줍니다.

59. 과정 56~58을 반복하며 세줄꼬아엮기를 1바퀴 엮은 후 시작점과 겹치는 부분에서 멈춰줍니다.

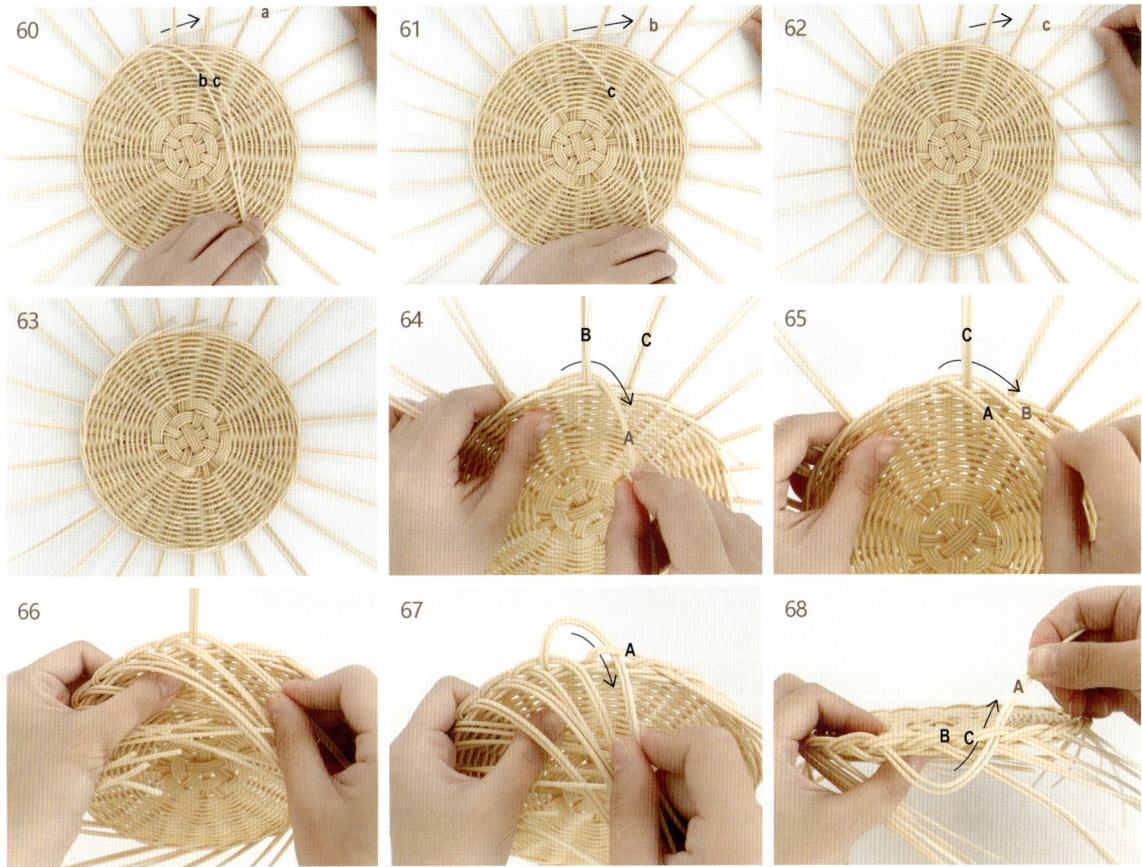

60. 사용하던 a사릿대를 날대 뒤로 넘겨줍니다.

61. b사릿대를 다음 날대 뒤로 넘겨줍니다.

62. c사릿대를 다음 날대 뒤로 넘겨줍니다.

63. 남은 사릿대는 모두 날대 뒤에서 잘라냅니다.

64. A날대를 B날대 뒤에서 나오도록 젖혀주며 두줄엮어마무리를 시작합니다
    (68쪽 두줄엮어마무리 참조).

65. B날대를 C날대 뒤에서 나오도록 젖혀줍니다.

66. 날대가 1조 남을 때까지 과정 64~65를 반복합니다.

67. 남은 날대 1조는 A날대 틈으로 넣어줍니다.

68. A날대를 C날대 틈으로 넣어줍니다.

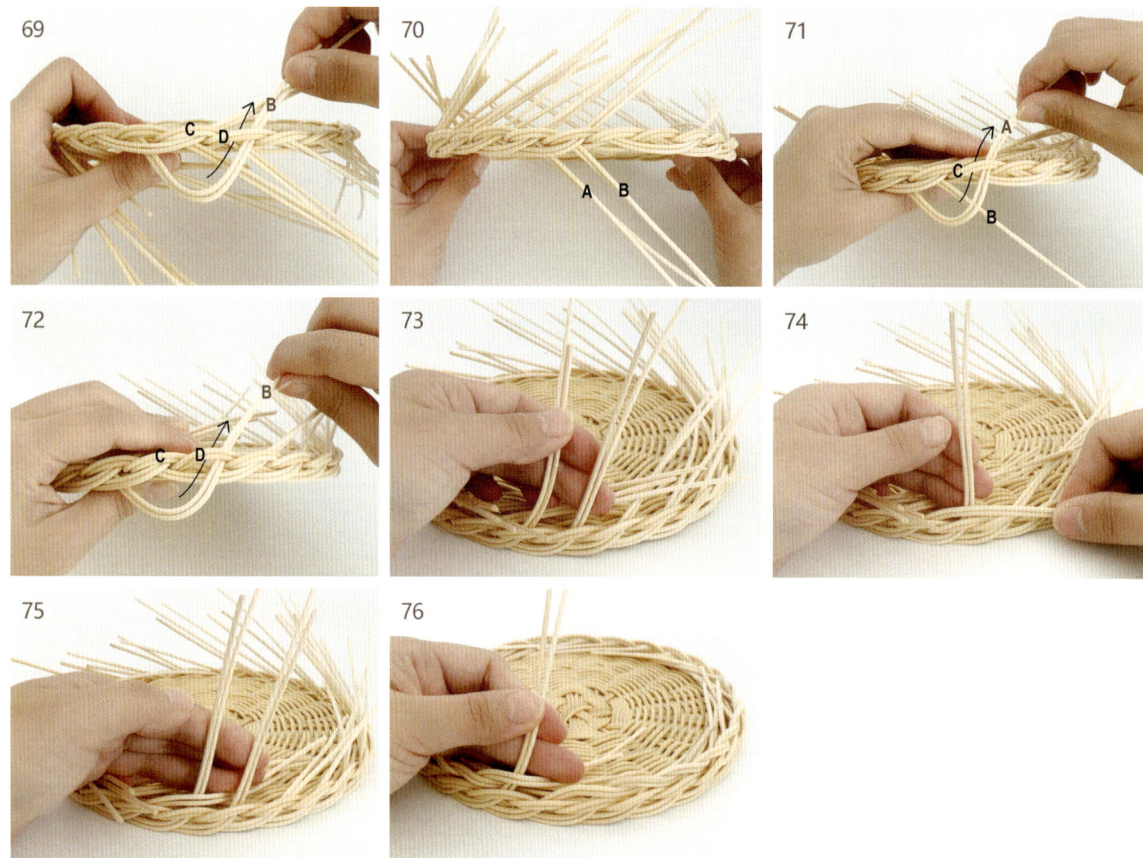

69. B날대를 D날대 틈으로 넣어줍니다.
70. 날대가 2조 남을 때까지 과정 68~69를 반복합니다.
71. A날대를 C날대 틈으로 넣어줍니다.
72. B날대를 D날대 틈으로 넣어줍니다.
73. 날대 2조를 나란히 꺼내줍니다.
74. 왼쪽 날대로 오른쪽 날대를 덮어 넣어줍니다.
75. 다음 오른쪽 날대를 1조 더 꺼내줍니다.
76. 날대가 1조 남을 때까지 과정 74~75를 반복합니다.

77. 남은 A날대를 B날대 틈으로 넣으며 두줄엮어마무리를 완성합니다.

78. 날대와 사릿대를 정리하여 라탄 포트 뚜껑을 완성합니다.

79. 송곳을 이용해 뚜껑 가운데에 손잡이가 들어갈 틈을 만들어줍니다.

80. 나사와 우드 손잡이를 과정 79에서 만든 틈으로 끼워 결합해줍니다.
　　우드 손잡이가 없다면 181쪽 푸드 커버의 손잡이를 달아보세요.

81. 날대와 사릿대를 정리하여 라탄 포트를 완성합니다.

4 라탄볼

몸통
날대 : 2.0mm 환심 60cm × 13줄
사릿대 : 2.0mm 환심

굽
날대 : 2.0mm 환심 18cm × 13줄
사릿대 : 2.0mm 환심

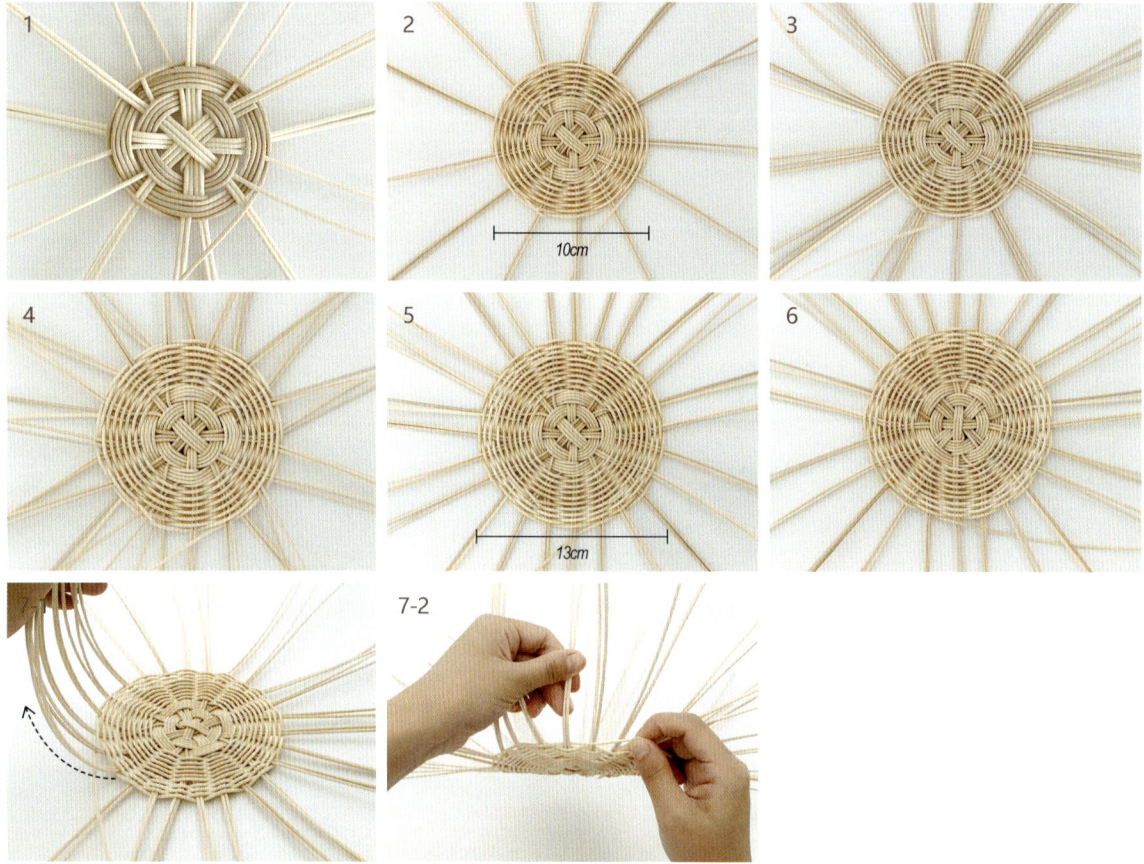

1. 날대 13줄을 이용하여 쌀미 바닥을 만들어줍니다[36쪽 쌀미 바닥(홀수) 참조].
2. 바닥 지름이 10cm가 될 때까지 막엮기로 엮어줍니다(45쪽 막엮기 참조).
3. 시작점 날대 1조를 제외하고 모든 날대 양옆으로 덧날대를 끼워줍니다.
4. 날대를 2줄 1조씩 나누며 막엮기를 이어나갑니다.
5. 바닥 지름이 13cm가 될 때까지 막엮기를 해줍니다.
6. 작업물을 뒤집어줍니다.
7. 날대를 위로 조금씩 세우면서 막엮기를 해줍니다. 이때 작업물 바닥이 동그
   랗게 올라갈 수 있도록 날대를 조금씩 누르면서 엮어주세요.

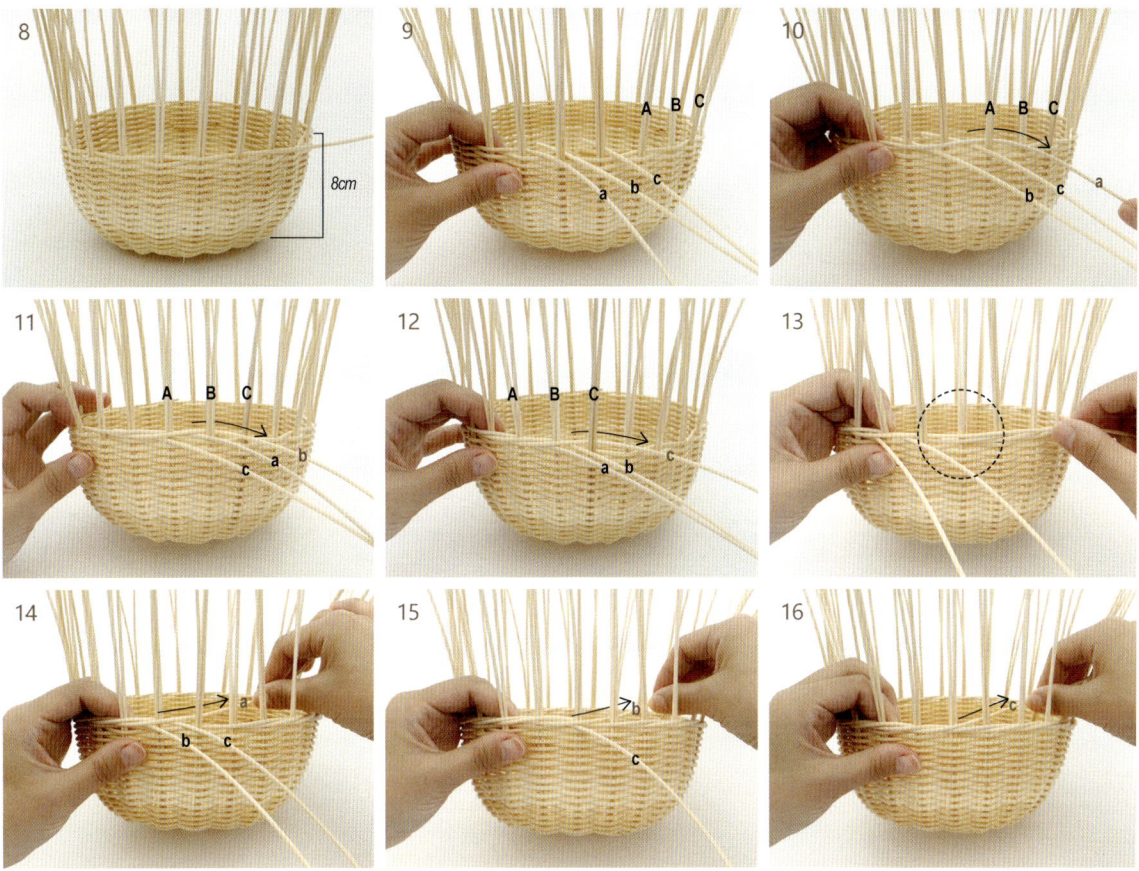

8. 높이 8cm가 될 때까지 막엮기를 한 후 시작점에서 멈춰주세요.

9. 새로운 사릿대 2줄을 추가하여 세줄꼬아엮기를 준비합니다.

10. a사릿대를 A날대에 걸어주며 세줄꼬아엮기를 시작합니다(47쪽 세줄꼬아엮기 참조).

11. b사릿대를 B날대에 걸어줍니다.

12. c사릿대를 C날대에 걸어줍니다.

13. 과정 10~12를 반복하여 세줄꼬아엮기를 1바퀴 엮은 후 시작점이 겹치는 부분에서 멈춰줍니다.

14. 사용하던 a사릿대를 날대 뒤로 넘겨줍니다.

15. b사릿대를 다음 날대 뒤로 넘겨줍니다.

16. c사릿대를 다음 날대 뒤로 넘겨줍니다.

17. 사릿대를 모두 잘라냅니다.

18. 모든 날대 2줄 중 오른쪽 날대 1줄을 짧게 잘라냅니다.

19. A날대를 B날대 뒤에서 나오도록 젖혀주며 한줄엮어마무리를 시작합니다
(66쪽 한줄엮어마무리 참조).

20. B날대를 C날대 뒤에서 나오도록 젖혀줍니다.

21. 날대가 1줄 남을 때까지 과정 19~20을 반복합니다.

22. 남은 날대 1줄은 A날대 틈으로 넣어줍니다.

23. A날대를 C날대 틈으로 넣어줍니다.

24. B날대를 D날대 틈으로 넣어줍니다.

25. 날대가 2줄 남을 때까지 과정 23~24를 반복합니다.

26. A날대를 C날대 틈으로 넣어줍니다.

27. B날대를 D날대 틈으로 넣어줍니다.

28. 날대 2줄을 나란히 꺼내줍니다.

29. 왼쪽 날대로 오른쪽 날대를 덮어 넣어줍니다.

30. 다음 오른쪽 날대를 하나 더 꺼내줍니다.

31. 왼쪽 날대로 오른쪽 날대를 덮어 넣어줍니다.

32. 날대가 1줄 남을 때까지 과정 29~31을 반복합니다.

33. 남은 A날대를 B날대 틈으로 넣으며 한줄엮어마무리를 완성합니다.

34. 한줄엮어마무리를 완성한 모습입니다.

35. 작업물을 뒤집어 쌀미 바닥에서 2cm 정도 떨어진 지점의 날대 사이에 송곳을 넣어 틈을 벌려줍니다.

36. 벌어진 틈으로 굽이 될 날대 1줄을 넣어줍니다.

37. 과정 36과 같이 날대 13줄을 모두 끼워줍니다.

38. 반으로 접은 사릿대를 날대 1줄에 끼워줍니다. 이때 날대는 위로 세워줍니다.

39. 날대를 세우면서 a사릿대로 A날대에 걸어주며 꼬아엮기를 시작합니다.

40. 날대를 세우며 b사릿대로 B날대에 걸어줍니다.

41. 과정 39~40을 반복하며 꼬아엮기를 4바퀴 엮어줍니다.

42. 사용하던 사릿대는 잘라냅니다.

43. 날대 1줄을 다음 날대 뒤에서 나오도록 접어주며 한줄엮어마무리를 시
작합니다(66쪽 한줄엮어마무리 참조).

44. 날대 1줄을 오른쪽 2번째 날대 틈으로 넣으며 한줄엮어마무리를 이어
갑니다.

45. 날대 1줄을 오른쪽 날대를 덮어 넣으며 한줄엮어마무리를 완성합니다.

46. 날대와 사릿대를 정리하여 라탄 볼을 완성합니다.

5 귤바구니

날대 : 2.0mm 환심 60cm × 13줄
사릿대 : 2.0mm 환심

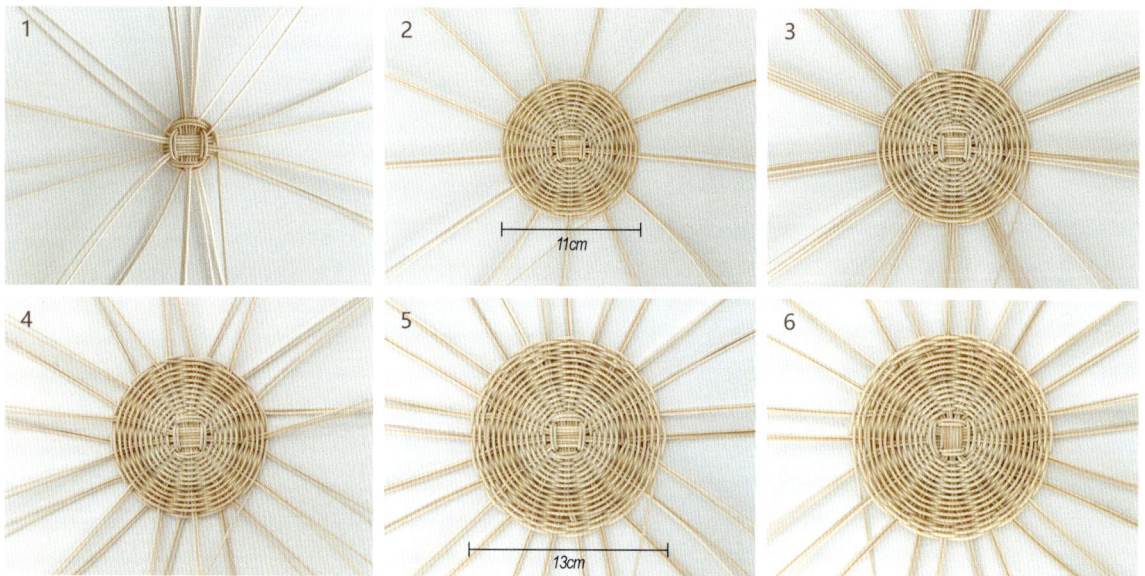

1. 날대 13줄을 이용하여 십자 바닥을 만들어줍니다[28쪽 십자 바닥(홀수) 참조)].
2. 바닥 지름 11cm가 될 때까지 막엮기로 엮어줍니다(45쪽 막엮기 참조).
3. 시작점 날대를 제외한 모든 날대에 덧날대를 끼워줍니다.
4. 날대를 다시 2줄 1조로 나누며 막엮기를 이어갑니다.
5. 바닥 지름 13cm가 될 때까지 막엮기로 엮어줍니다.
6. 작업물을 뒤집어줍니다.

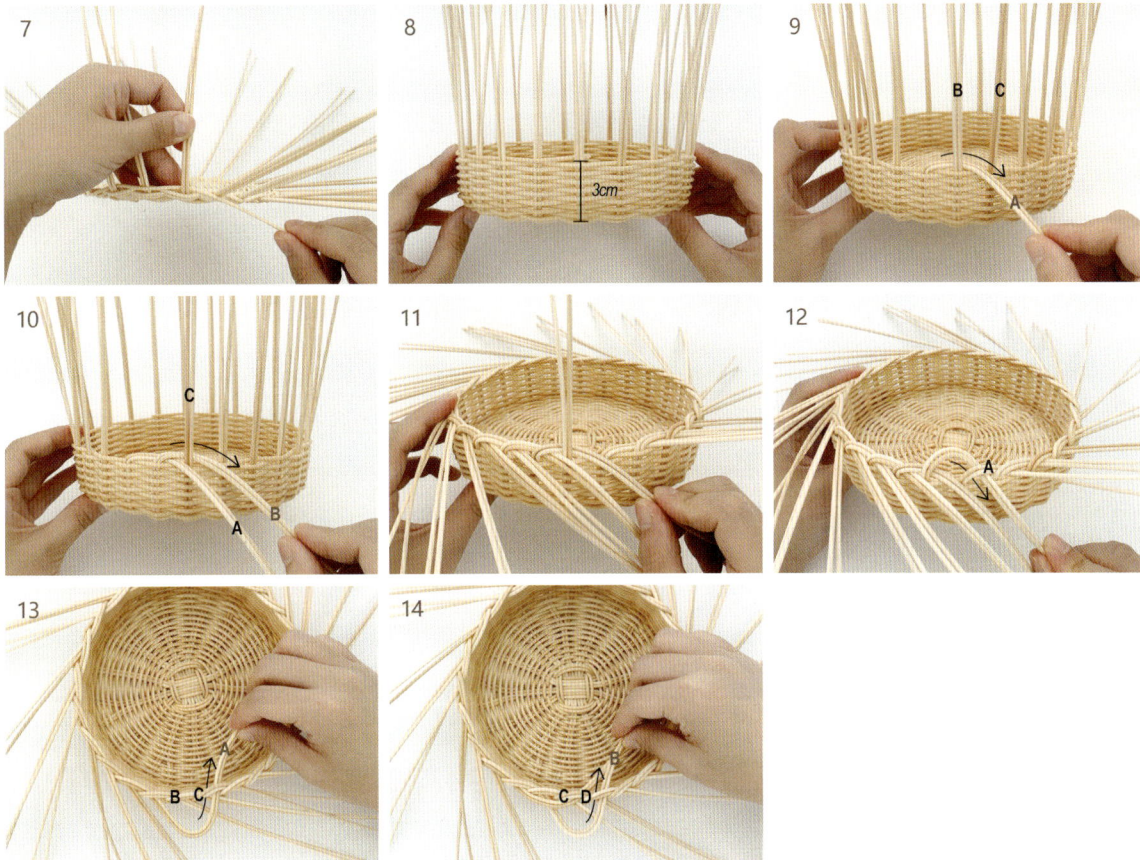

7. 날대를 직각으로 세우며 막엮기를 이어갑니다.

8. 높이가 3cm 될 때까지 막엮기를 한 후 시작점에서 사릿대를 잘라냅니다.

9. A날대를 B날대 뒤에서 나오도록 젖혀주며 두줄엮어마무리를 시작합니다
   (68쪽 두줄엮어마무리 참조).

10. B날대를 C날대 뒤에서 나오도록 젖혀줍니다.

11. 날대가 1조 남을 때까지 과정 9~10을 반복합니다.

12. 남은 날대 1조는 A날대 틈으로 넣어줍니다.

13. A날대를 C날대 틈으로 넣어줍니다.

14. B날대를 D날대 틈으로 넣어줍니다.

15. 날대가 2조 남을 때까지 과정 13~14를 반복합니다.

16. A날대를 C날대 틈으로 넣어줍니다.

17. B날대를 D날대 틈으로 넣어줍니다.

18. 날대 2조를 나란히 꺼내줍니다.

19. 왼쪽 날대로 오른쪽 날대를 덮어 넣어준 후 다음 날대를 하나 더 꺼내줍니다.

20. 왼쪽 날대로 오른쪽 날대를 덮어 넣어준 후 다음 날대를 하나 더 꺼내줍니다.

21. 날대가 1조 남을 때까지 과정 19~20을 반복합니다.

22. 남은 A날대를 B날대 틈으로 넣으며 두줄엮어마무리를 완성합니다.

23. 날대와 사릿대를 정리하여 귤 바구니 몸통을 완성합니다.

[잎사귀]

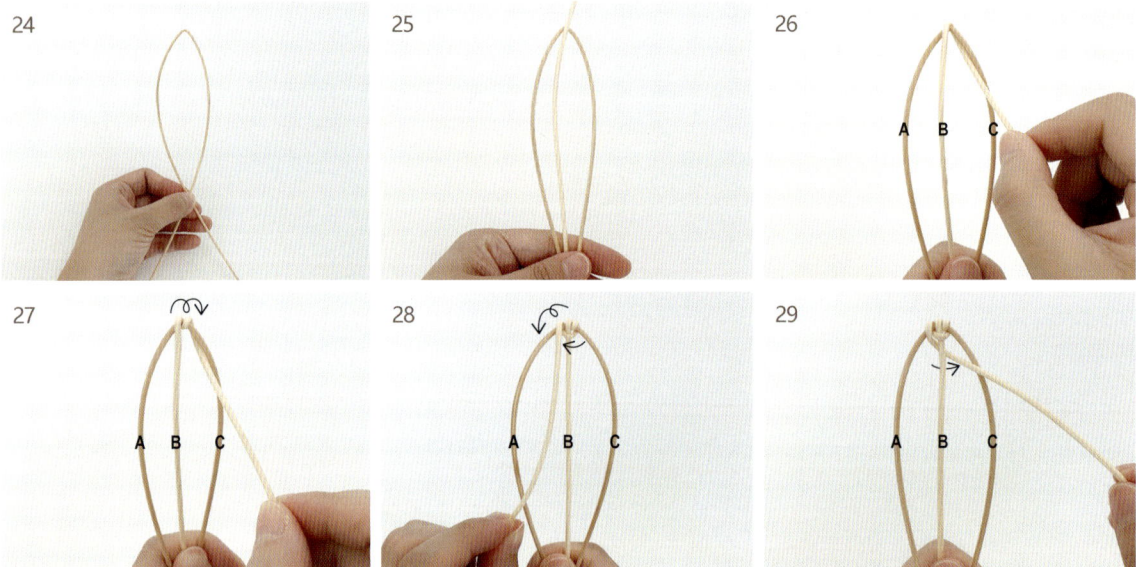

24. 40cm 날대 1줄을 반으로 접어 준비합니다.

25. 부드러운 사릿대 1줄을 날대와 나란히 맞춰 준비합니다.

26. 사릿대를 날대 중심에 맞춰 오른쪽으로 접어줍니다.

27. 사릿대로 C날대를 1바퀴 감아줍니다.

28. 사릿대가 B날대 앞으로 지나 A날대를 1바퀴 감아줍니다.

29. 사릿대를 B날대 뒤로 지나 오른쪽으로 넘겨줍니다.

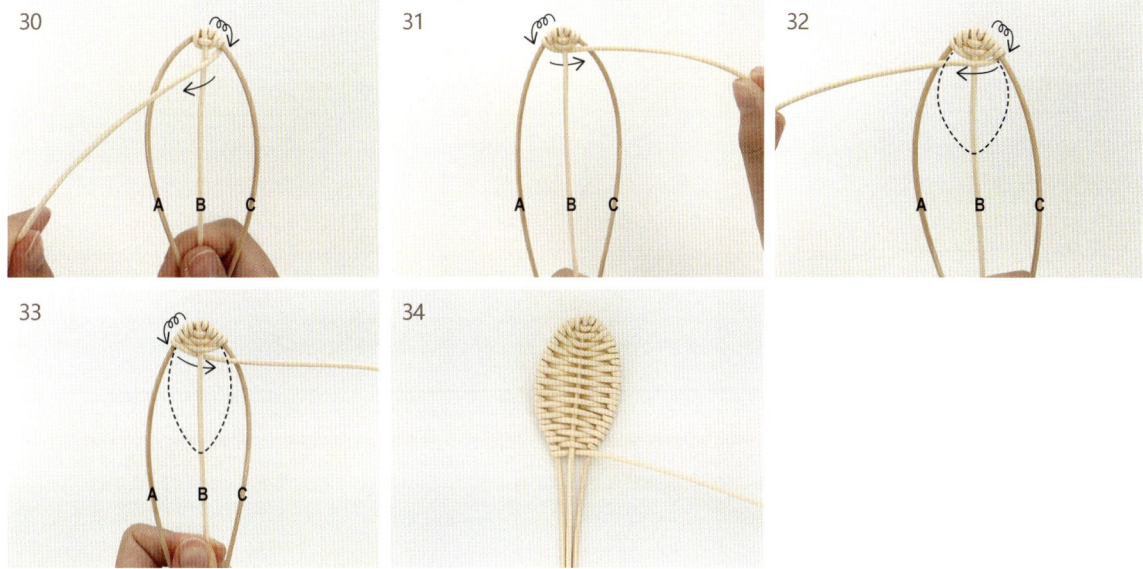

30. 사릿대로 C날대를 2바퀴 감은 후 왼쪽으로 넘겨줍니다.

31. 사릿대로 A날대를 2바퀴 감은 후 오른쪽으로 넘겨줍니다.

32. 사릿대로 C날대를 2바퀴 감은 후 왼쪽으로 넘겨줍니다. 날대가 잎사귀
모양이 되도록 날대의 간격을 조절하며 엮어줍니다.

33. 사릿대로 A날대를 2바퀴 감은 후 오른쪽으로 넘겨줍니다.

34. 과정 30~33을 반복하며 잎사귀 모양을 만들어줍니다.

35. 송곳을 이용해 바구니 옆면에 잎사귀가 들어갈 틈을 만들어줍니다.

36. 잎사귀의 날대와 사릿대를 모두 과정 35에서 만든 틈으로 넣어줍니다.

37. 과정 35에서 만든 틈의 바로 옆 칸에 송곳으로 틈을 만들어줍니다.

38. 잎사귀의 날대와 사릿대를 과정 37에서 만든 틈으로 빼줍니다.

39. 잎사귀 사릿대를 이용해 날대를 바짝 2바퀴 감아줍니다. 이때 날대들은 동그랗게 모이도록 잡아줍니다.

40. 빈틈이 생기지 않도록 사릿대로 날대를 감아 내려오며 나뭇가지를 만들어줍니다.

41. 사용하던 사릿대로 A날대를 함께 감아줍니다.

42. 사릿대를 나뭇가지 옆의 틈으로 넣어줍니다.

43. 사릿대를 바구니 안쪽 날대 1줄에 끼워 넣어줍니다.

44. 사릿대를 바짝 당긴 후 빠지지 않도록 짧게 잘라냅니다.

45. 나뭇가지 위로 튀어나온 날대는 짧게 잘라냅니다.

46. 귤 바구니를 완성한 모습입니다.

6

액세서리 바구니

날대 : 2.0mm 환심 60cm × 16줄
사릿대 : 2.0mm 환심

1. 날대 8조(16줄)를 이용하여 사각 바닥을 만들어줍니다(42쪽 사각 바닥 참조).
2. 작업물을 뒤집어줍니다.
3. 사릿대 1줄을 반으로 접어 날대 1조에 걸어줍니다.
4. a사릿대를 다음 날대에 걸어주며 꼬아엮기를 시작합니다(46쪽 꼬아엮기 참조).
5. b사릿대를 다음 날대에 걸어주며 꼬아엮기를 이어갑니다.
6. 과정 4~5를 반복하며 꼬아엮기를 1바퀴 엮어줍니다.
7. 꼬아엮기를 1바퀴 더 엮어줍니다.
8. 작업물을 다시 뒤집어 모든 날대를 한 번씩 접었다 펴줍니다.
9. 사릿대 1줄을 이용해 날대 위, 아래, 위, 아래를 반복하며 1바퀴 엮어줍니다.
10. 다음 사릿대를 이용해 따라엮기를 시작합니다.

11. 날대가 밖으로 퍼진 모양을 유지하며 따라엮기를 이어갑니다.

12. 높이 4cm가 될 때까지 따라엮기를 한 후 시작점에서 사릿대를 잘라냅니다.

13. 작업물을 위에서 본 모습입니다.

14. 새로운 사릿대 1줄로 감아 마무리용 심대를 준비합니다.

15. A날대로 심대를 감아 D날대 다음으로 넣어주며 감아마무리를 시작합니다(72쪽 감아젖혀마무리 참조).

16. B날대로 심대를 감아 E날대 다음으로 넣어줍니다.

17. C날대로 심대를 감아 F날대 다음으로 넣어줍니다.

18. 날대가 3줄 남을 때까지 과정 15~17을 반복합니다.

19. 심대는 끝이 맞닿도록 잘라냅니다.

20. 송곳으로 D날대 틈을 만들어 A날대를 넣어줍니다.

21. 송곳으로 E날대 틈을 만들어 B날대를 넣어줍니다.

22. 송곳으로 F날대 틈을 만들어 C날대를 넣어줍니다.

23. 감아마무리를 완성한 모습입니다.

24. 날대 3줄을 꺼내줍니다.

25. A날대로 오른쪽 날대 2개를 덮어 넣으며 젖혀마무리를 시작합니다.

26. B날대로 오른쪽 날대 2개를 덮어 넣어줍니다.

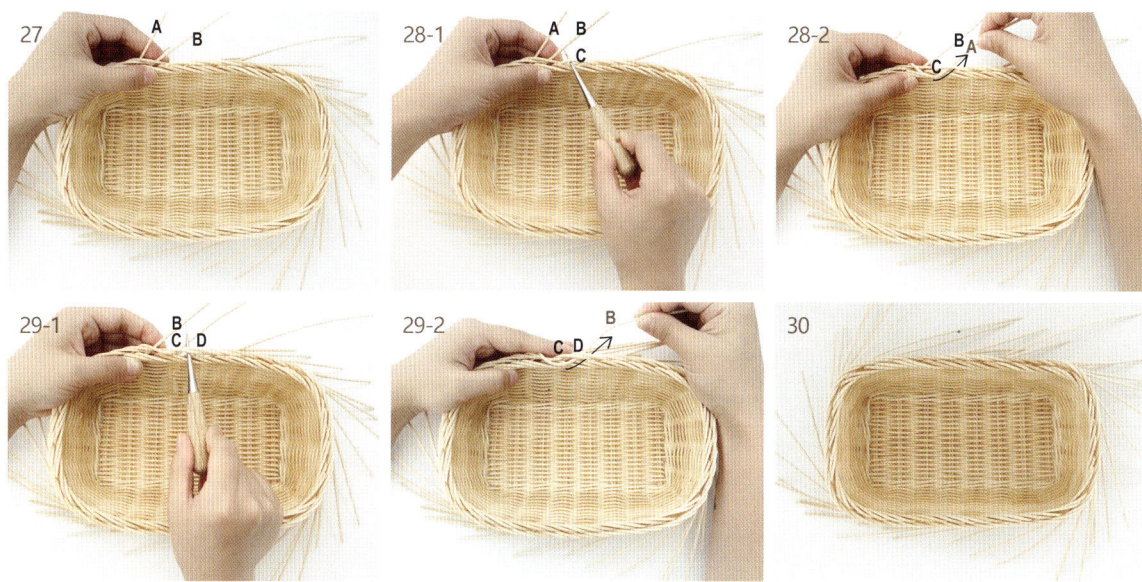

27. 날대 2줄이 남을 때까지 과정 25~26을 반복합니다.

28. 송곳으로 C날대 틈을 만들어 A날대를 넣어줍니다.

29. 송곳으로 D날대 틈을 만들어 B날대를 넣어줍니다.

30. 감아젖혀마무리를 완성한 모습입니다.

31. 젖혀마무리를 1바퀴 더 엮어줍니다. 이때 날대를 옆면에 밀착시키며 엮어
줍니다.

32. 젖혀마무리를 1바퀴 더 완성한 모습입니다.

33. 날대와 사릿대를 정리하여 액세서리 바구니를 완성합니다.

7
피
등
화
병

날대 : 1.5mm 환심 55cm × 15줄
사릿대 : 1.5mm 환심, 4mm 피등
화병 : 바닥지름 6.5cm, 높이 16cm 기준

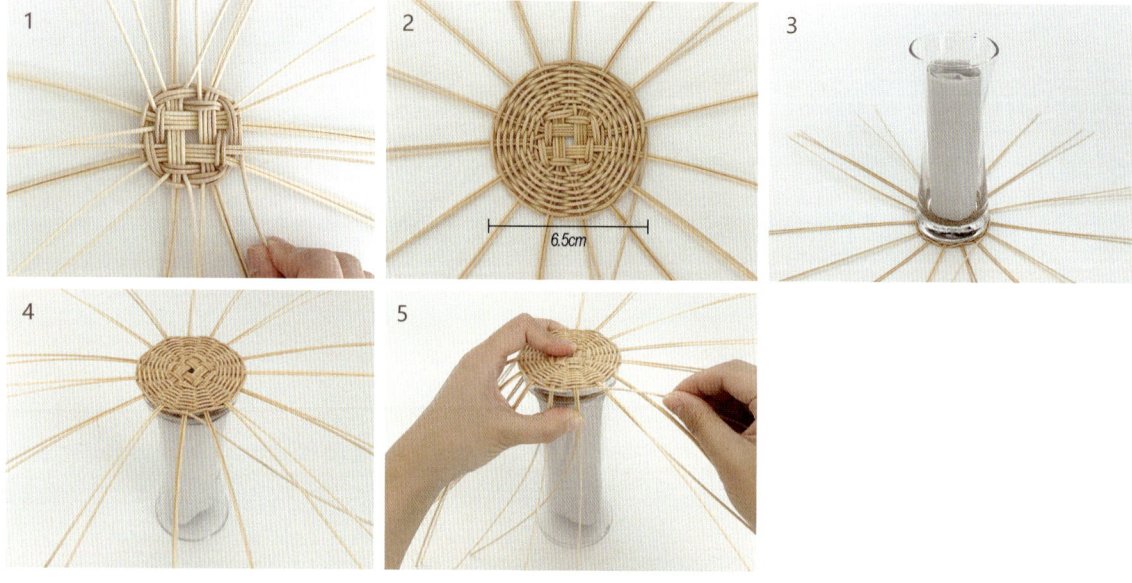

1. 날대 15줄을 이용하여 우물정 바닥을 만들어줍니다[32쪽 우물정 바닥(홀수) 참조].
2. 바닥 지름 6.5cm가 될 때까지 막엮기로 엮어줍니다(45쪽 막엮기 참조).
3. 바닥 지름은 준비한 화병 크기에 맞추어 엮어줍니다.
4. 화병 바닥이 위를 향하도록 화병과 작업물을 뒤집어줍니다.
5. 작업물을 화병에 밀착시키며 막엮기를 이어갑니다.

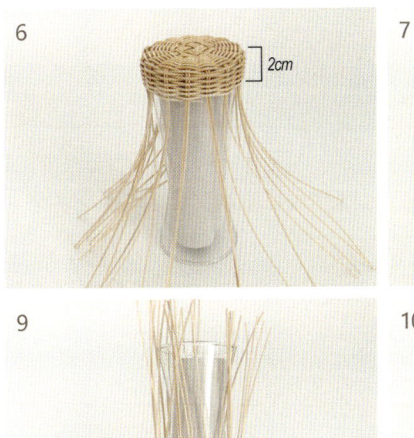

6. 높이 2cm가 될 때까지 막엮기를 한 후 시작점에서 멈춰줍니다.

7. 사용하던 사릿대는 시작점에서 잘라낸 후 화병을 바로 세워줍니다.

8. 피등 1줄을 시작점에 비스듬히 넣어줍니다. 이때 엮는 방향이 바뀌기 때문에 사릿대가 겹쳐 보일 수 있습니다.

9. 피등을 이용해 막엮기를 이어갑니다.

10. 전체 높이 12cm가 될 때까지 막엮기를 한 후 시작점에서 멈춰줍니다.

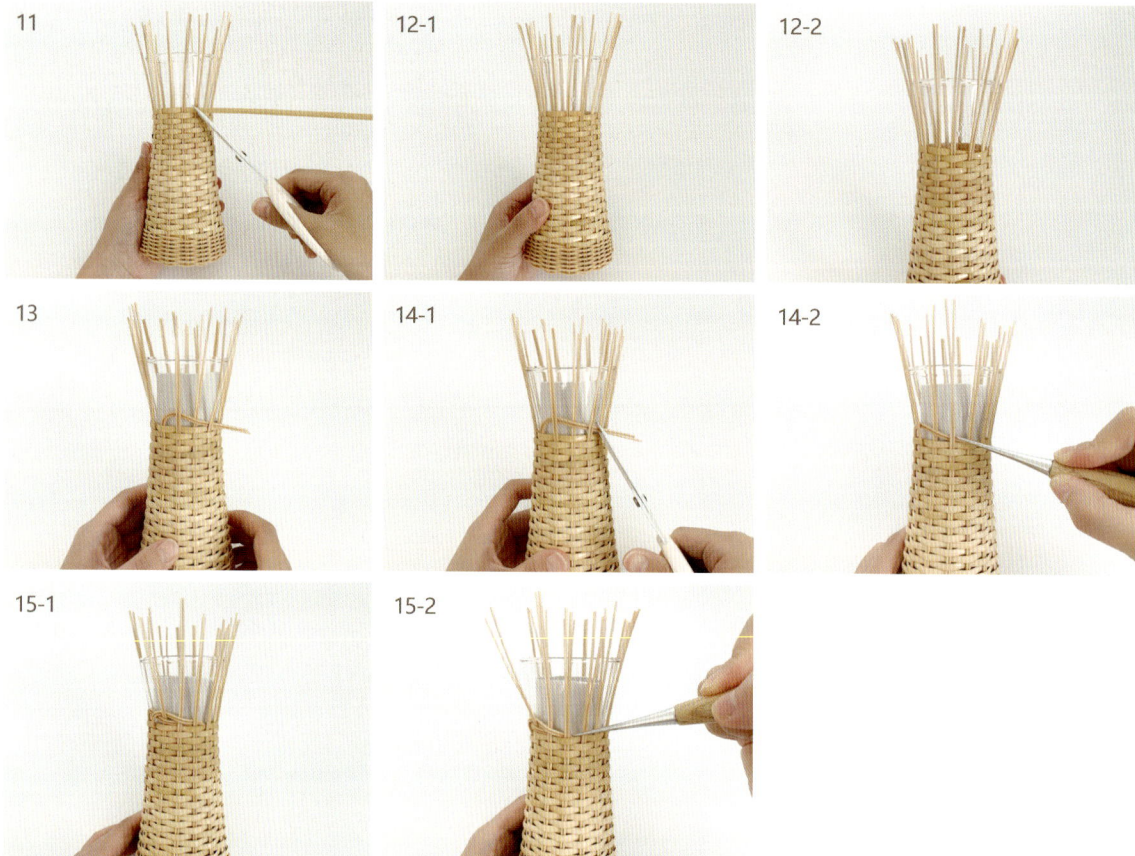

11. 피등을 사선으로 잘라냅니다.

12. 잘라낸 피등은 안쪽으로 비스듬히 넣어줍니다.

13. 날대 1조를 이용해 하상하마무리를 시작합니다(64쪽 하상하마무리 참조).

14. 하상하를 지난 날대를 잘라낸 뒤 안쪽으로 넣어줍니다. 이때 송곳을 사용
해도 좋아요.

15. 다음 날대를 이용해 하상하마무리를 이어갑니다.

16. 날대가 2조 남을 때까지 하상하마무리를 해줍니다.

17. 날대 1조를 하상하마무리를 할 정도의 길이로 미리 잘라냅니다.

18. 잘라낸 날대로 하상하마무리를 해줍니다.

19. 남은 날대도 하상하마무리를 할 정도의 길이로 미리 잘라냅니다.

20. 잘라낸 날대로 하상하마무리를 해주어 피등 화병을 완성합니다.

8 허브 바구니

날대 : 2.0mm 환심 70cm × 15줄
사릿대 : 2.0mm 환심, 5mm 평심

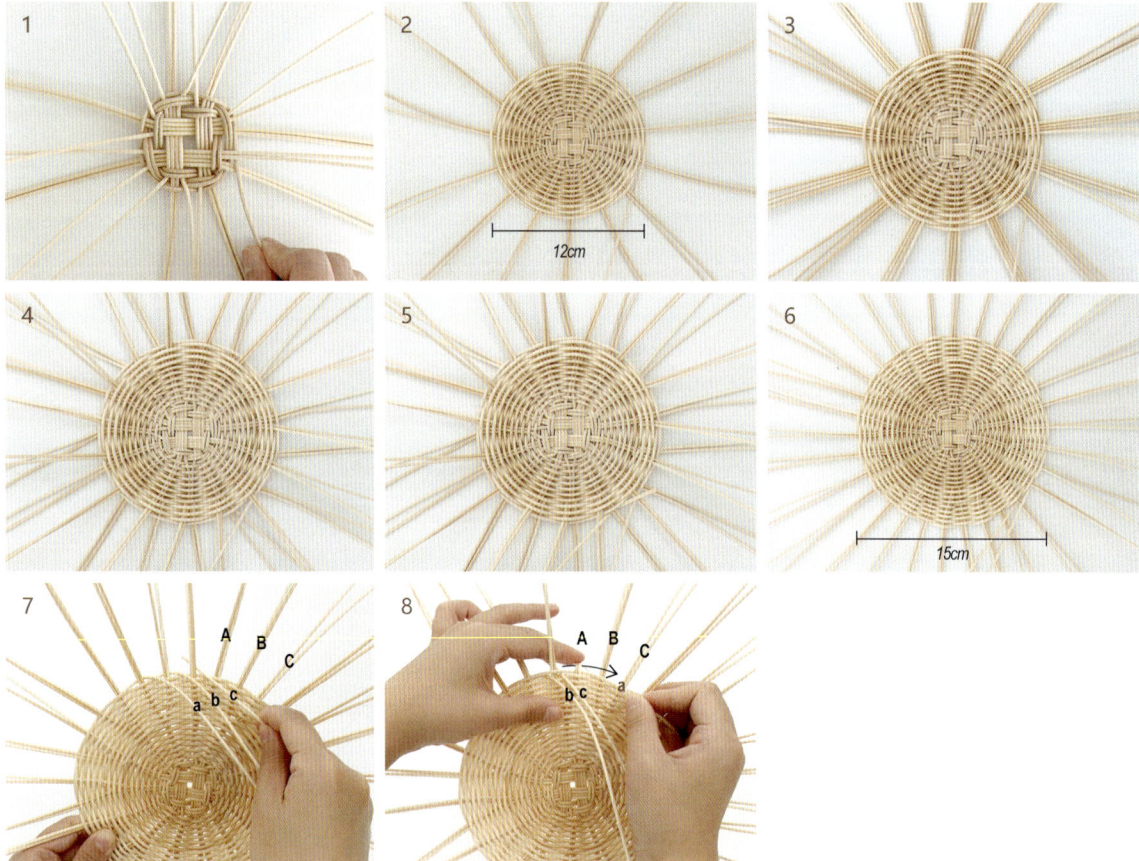

1. 날대 15줄을 이용하여 우물정 바닥을 만들어줍니다[32쪽 우물정 바닥(홀수) 참조].
2. 바닥 지름 12cm가 될 때까지 막엮기로 엮어줍니다(45쪽 막엮기 참조).
3. 모든 날대 양옆으로 덧날대를 끼워줍니다.
4. 사용하던 사릿대로 날대를 2줄 1조씩 나누며 1바퀴 엮어줍니다.
5. 새로운 사릿대 1줄을 추가해 따라엮기를 시작합니다(45쪽 따라엮기 참조).
6. 바닥 지름 15cm가 될 때까지 따라엮기를 해줍니다.
7. 새로운 사릿대 1줄을 추가하여 세줄꼬아엮기를 준비합니다.
8. a사릿대를 A날대에 걸어주며 세줄꼬아엮기를 시작합니다. 이때 날대는 계속 직각으로 세워줍니다(47쪽 세줄꼬아엮기 참조).

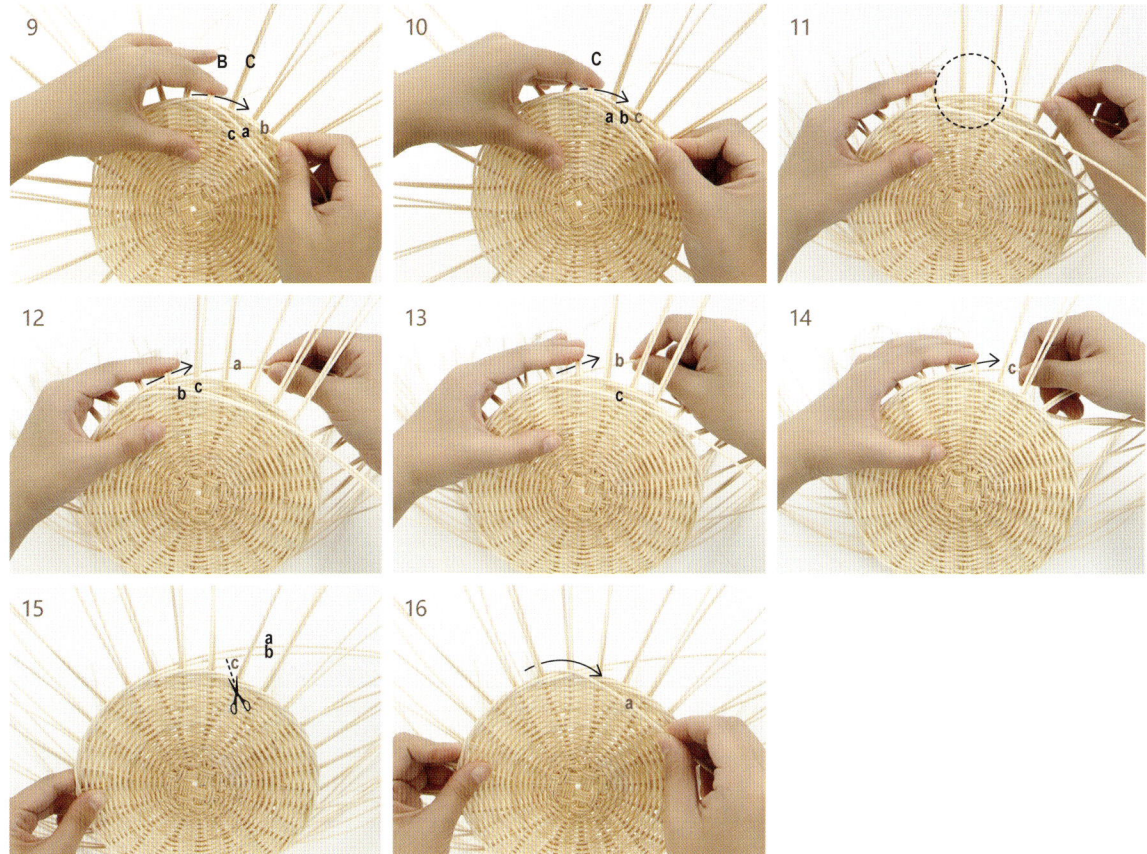

9. b사릿대를 B날대에 걸어줍니다.

10. c사릿대를 C날대에 걸어줍니다.

11. 과정 8~10을 반복하며 세줄꼬아엮기를 1바퀴 엮은 후 시작점과 겹치는
    부분에서 멈춰줍니다.

12. 사용하던 a사릿대를 날대 뒤로 넘겨줍니다.

13. b사릿대를 다음 날대 뒤로 넘겨줍니다.

14. c사릿대를 다음 날대 뒤로 넘겨줍니다.

15. c사릿대를 잘라냅니다.

16. a사릿대를 날대 밖으로 꺼내줍니다.

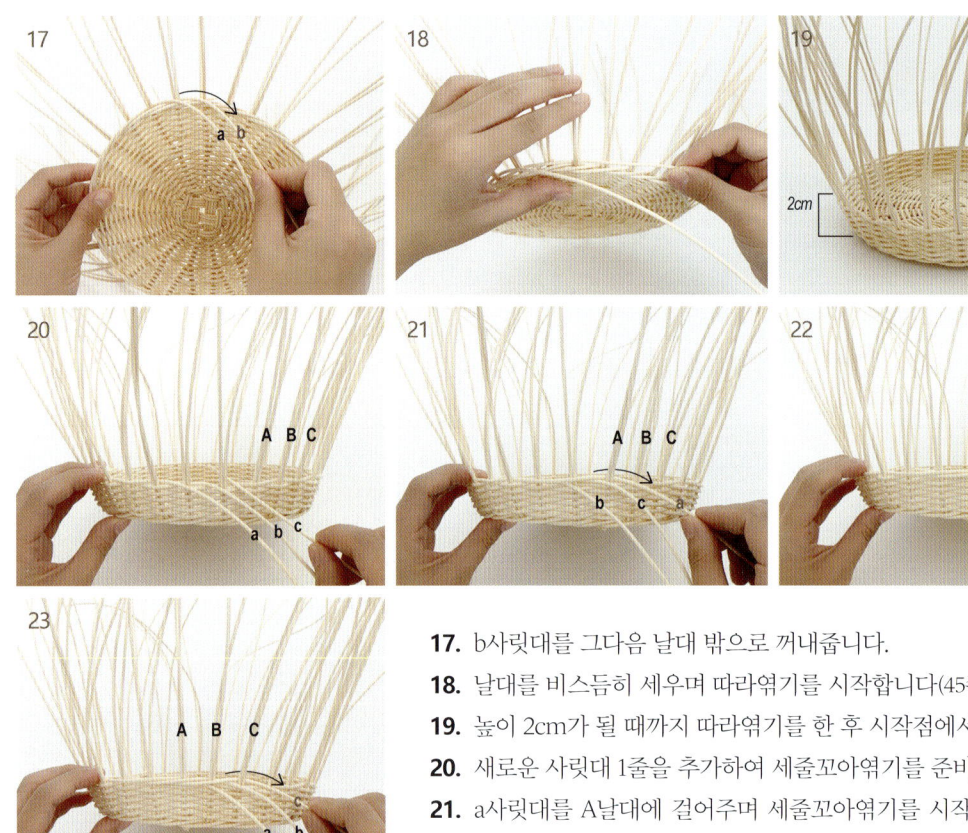

17. b사릿대를 그다음 날대 밖으로 꺼내줍니다.

18. 날대를 비스듬히 세우며 따라엮기를 시작합니다(45쪽 따라엮기 참조).

19. 높이 2cm가 될 때까지 따라엮기를 한 후 시작점에서 멈춰줍니다.

20. 새로운 사릿대 1줄을 추가하여 세줄꼬아엮기를 준비합니다.

21. a사릿대를 A날대에 걸어주며 세줄꼬아엮기를 시작합니다(47쪽 세줄꼬 아엮기 참조).

22. b사릿대를 B날대에 걸어줍니다.

23. c사릿대를 C날대에 걸어줍니다.

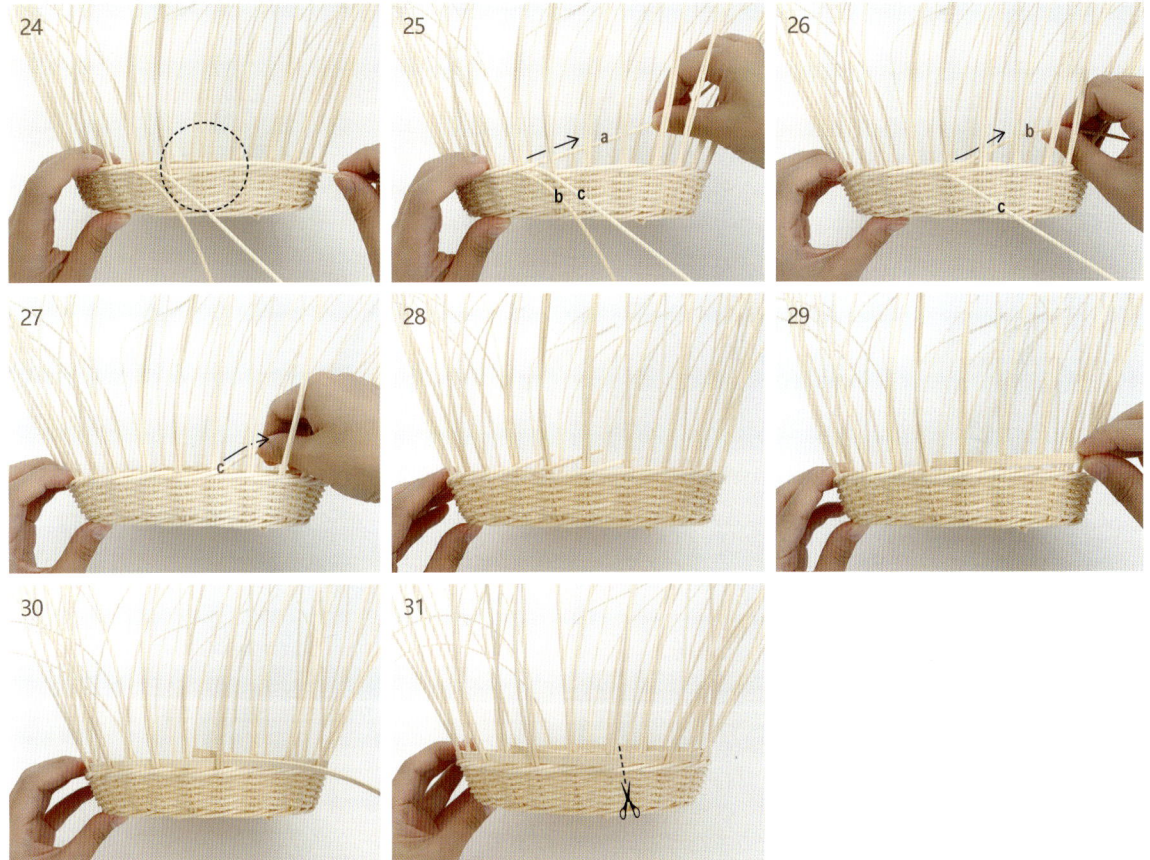

24. 과정 21~23을 반복하며 세줄꼬아엮기를 1바퀴 엮은 후 시작점과 겹치는
부분에서 멈춰줍니다.

25. 사용하던 a사릿대를 날대 뒤로 넘겨줍니다.

26. b사릿대를 다음 날대 뒤로 넘겨줍니다.

27. c사릿대를 다음 날대 뒤로 넘겨줍니다.

28. 사릿대는 모두 잘라냅니다.

29. 평심 1줄을 날대 뒤로 넣어줍니다.

30. 평심 사릿대를 1바퀴 엮으며 체크무늬를 시작합니다(56쪽 체크무늬 참조).

31. 시작점에서 2칸 지나 사릿대를 잘라줍니다.

32. 사릿대를 날대 뒤로 넣어줍니다.

33. 평심과 교차되도록 환심 사릿대 1줄을 엮은 후 잘라냅니다.

34. 과정 29~33을 반복하며 '평심-환심-평심-환심-평심' 순으로 체크무늬를
    만들어줍니다.

35. 세줄꼬아엮기를 1바퀴 엮어줍니다(47쪽 세줄꼬아엮기 참조).

36. c사릿대를 잘라냅니다.

37. a사릿대를 날대 밖으로 꺼내줍니다.

38. b사릿대를 그다음 날대 밖으로 꺼내줍니다.

39. 과정 19~38을 한 번 더 반복합니다.

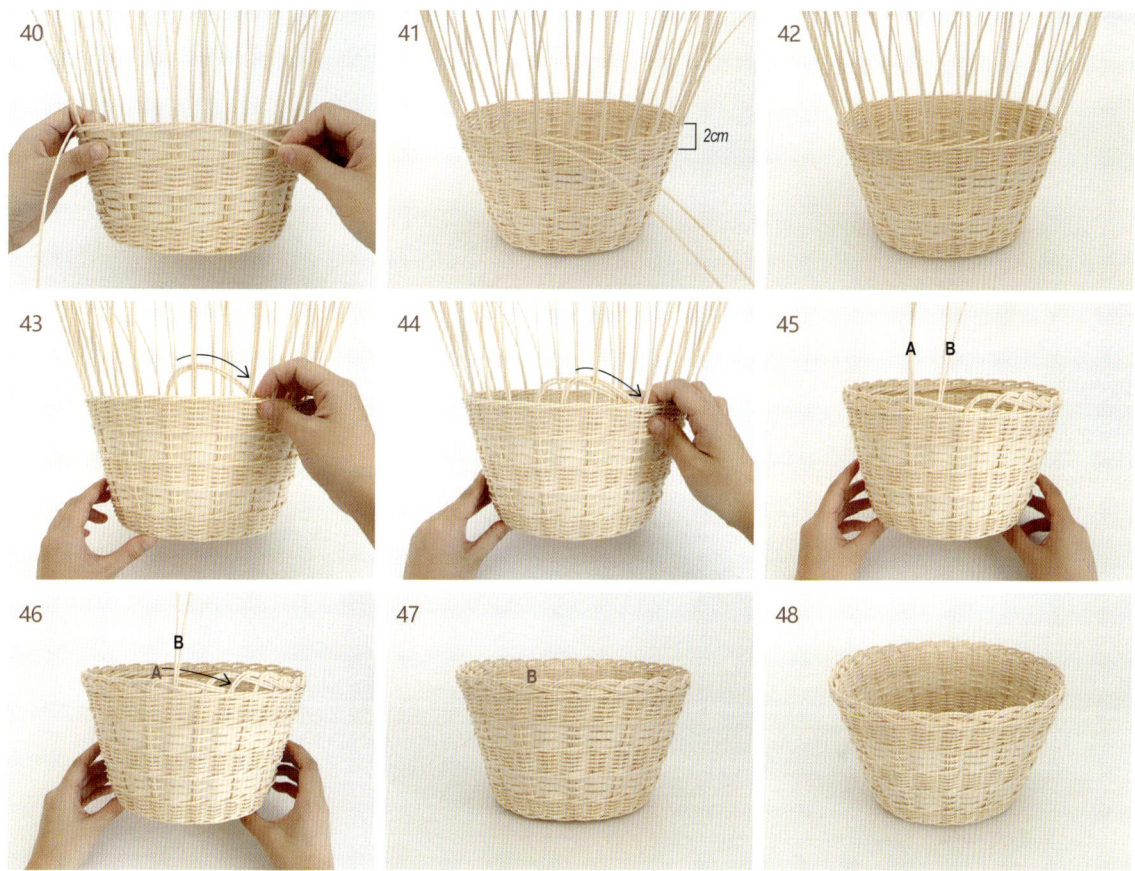

40. 따라엮기를 시작합니다(45쪽 따라엮기 참조).

41. 높이 2cm가 될 때까지 따라엮기를 한 후 시작점에서 멈춰줍니다.

42. 세줄꼬아엮기를 1바퀴 엮은 후 사릿대를 모두 잘라줍니다(47쪽 세줄꼬아엮기 참조).

43. 날대 1조를 이용해 하상하마무리를 시작합니다(64쪽 하상하마무리 참조).

44. 다음 날대를 이용해 하상하마무리를 이어갑니다.

45. 날대가 2조 남을 때까지 하상하마무리를 해줍니다.

46. A날대를 화살표 모양대로 하상하마무리를 해줍니다.

47. B날대를 하상하 순서에 맞게 엮으며 하상하마무리를 완성합니다.

48. 날대와 사릿대를 정리하여 허브 바구니를 완성합니다.

9
편
지
함

가로 날대 : 2.0mm 환심 75cm × 8줄
세로 날대 : 2.0mm 환심 65cm × 12줄
사릿대 : 2.0mm 환심
부재료 : 우드링

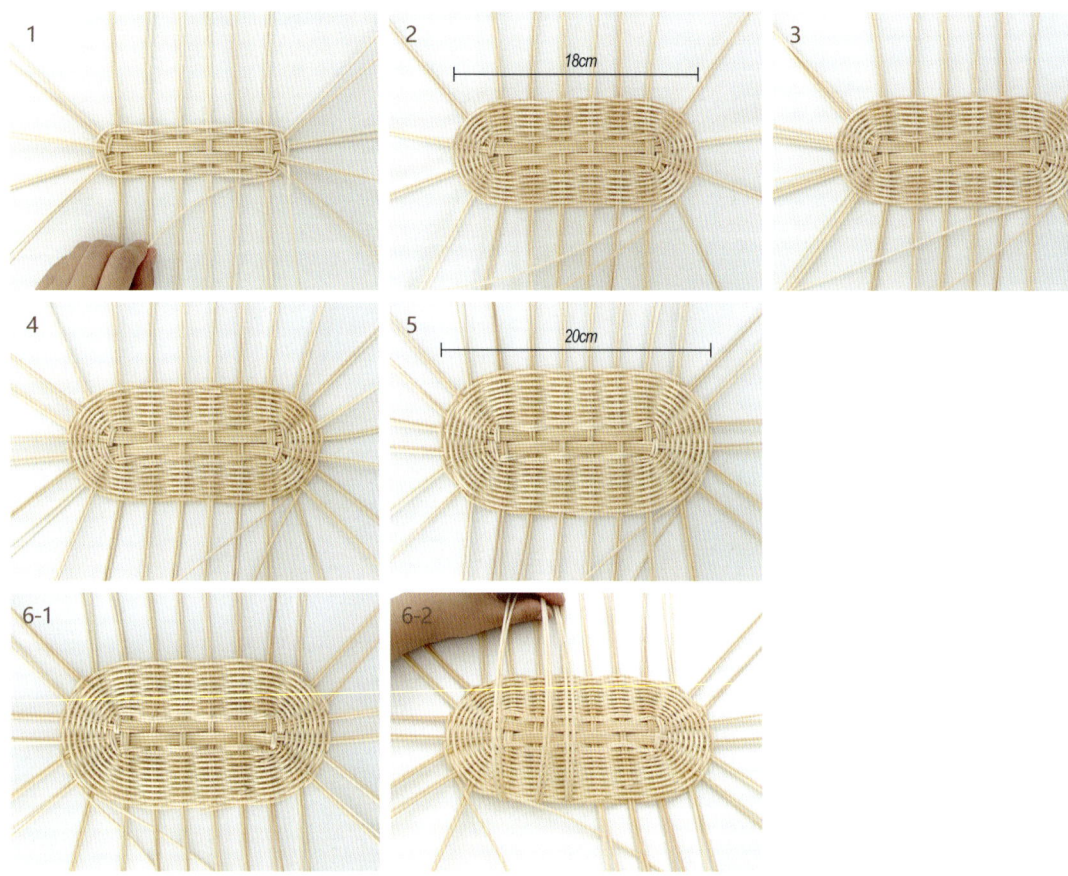

1. 가로 날대 8줄, 세로 날대 12줄을 이용하여 타원 바닥을 만들어줍니다(40쪽 타원 바닥 참조).
2. 가로 길이 18cm가 될 때까지 따라엮기를 해줍니다(45쪽 따라엮기 참조).
3. 가로 날대가 4줄 1조가 되도록 덧날대를 끼워줍니다.
4. 사용하던 사릿대를 이용해 날대를 다시 2줄 1조씩 나누며 1바퀴 엮어줍니다.
5. 가로 길이 20cm가 될 때까지 따라엮기를 해줍니다.
6. 작업물을 뒤집어 모든 날대를 안쪽으로 접었다 펴줍니다.

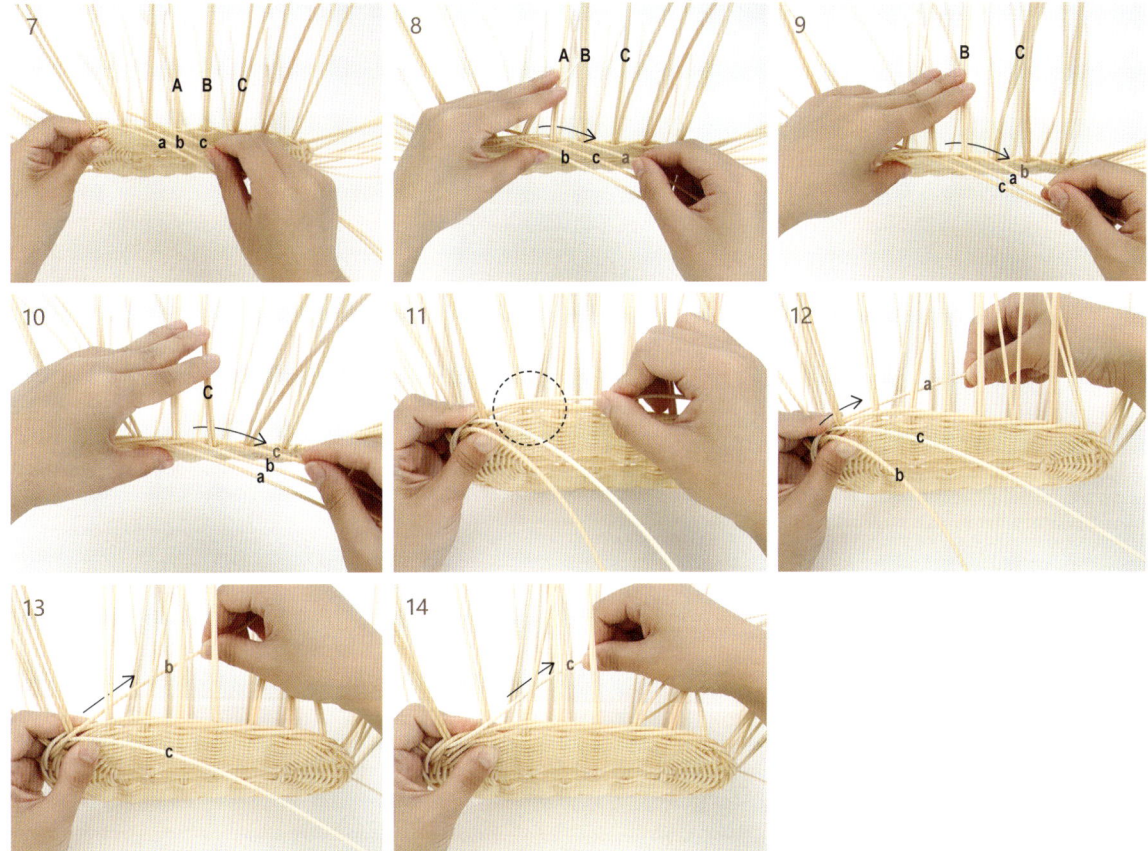

7. 새로운 사릿대 1줄을 추가하여 세줄꼬아엮기를 준비합니다.

8. a사릿대를 A날대에 걸어주며 세줄꼬아엮기를 시작합니다. 이때 날대는 계속 직각으로 세워줍니다(47쪽 세줄꼬아엮기 참조).

9. b사릿대를 B날대에 걸어줍니다.

10. c사릿대를 C날대에 걸어줍니다.

11. 과정 8~10을 반복하며 세줄꼬아엮기를 1바퀴 엮은 후 시작점과 겹치는 부분에서 멈춰줍니다.

12. 사용하던 a사릿대를 날대 뒤로 넘겨줍니다.

13. b사릿대를 다음 날대 뒤로 넘겨줍니다.

14. c사릿대를 다음 날대 뒤로 넘겨줍니다.

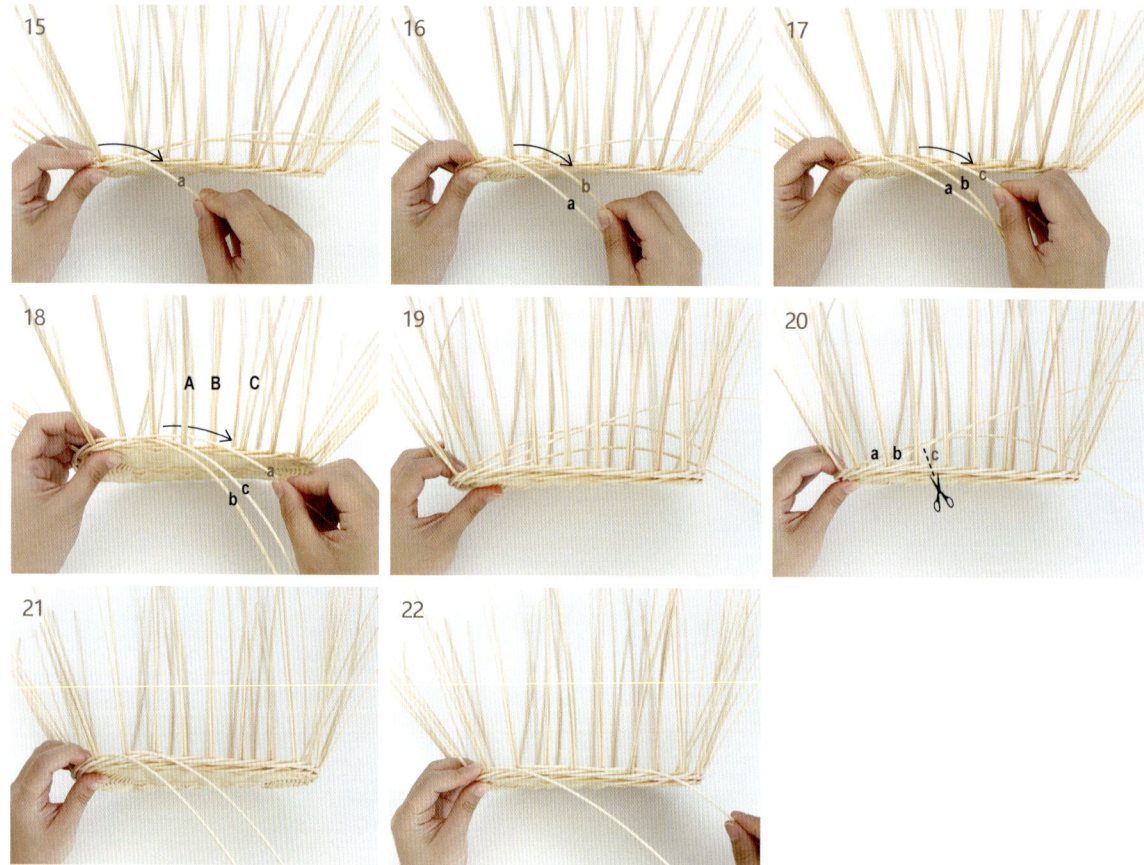

15. a사릿대를 날대 밖으로 꺼내줍니다.

16. b사릿대를 그다음 날대 밖으로 꺼내줍니다.

17. c사릿대를 그다음 날대 밖으로 꺼내줍니다.

18. a사릿대를 A날대에 걸어주며 세줄꼬아엮기를 1바퀴 더 엮어줍니다.

19. 세줄꼬아엮기를 1바퀴 더 완성한 모습입니다.

20. c사릿대를 잘라냅니다.

21. 남은 사릿대 2줄은 날대 밖으로 꺼내줍니다.

22. 사릿대를 이용해 따라엮기를 다시 시작합니다(45쪽 따라엮기 참조).

23. 높이 8cm가 될 때까지 따라엮기를 한 후 사릿대는 시작점에서 멈춰줍니다.

24. 아래에 있는 사릿대는 날대 뒤에서 잘라냅니다.

25. 남은 사릿대를 왼쪽으로 접어 되돌아엮기를 시작합니다(53쪽 되돌아엮기 참조).

26. 반대방향으로 계속해서 엮어줍니다.

27. 과정 25에서 접어준 날대와 대칭이 되는 지점에서 다시 되돌아엮기를 엮어줍니다.

28. 날대를 1칸씩 줄여가며 되돌아엮기를 이어갑니다.

29. 날대가 2줄 남을 때까지 되돌아엮기를 이어간 후 사용하던 사릿대를 날대 안에서 잘라줍니다.

30. 1칸씩 줄이며 되돌아엮기를 완성한 모습입니다.

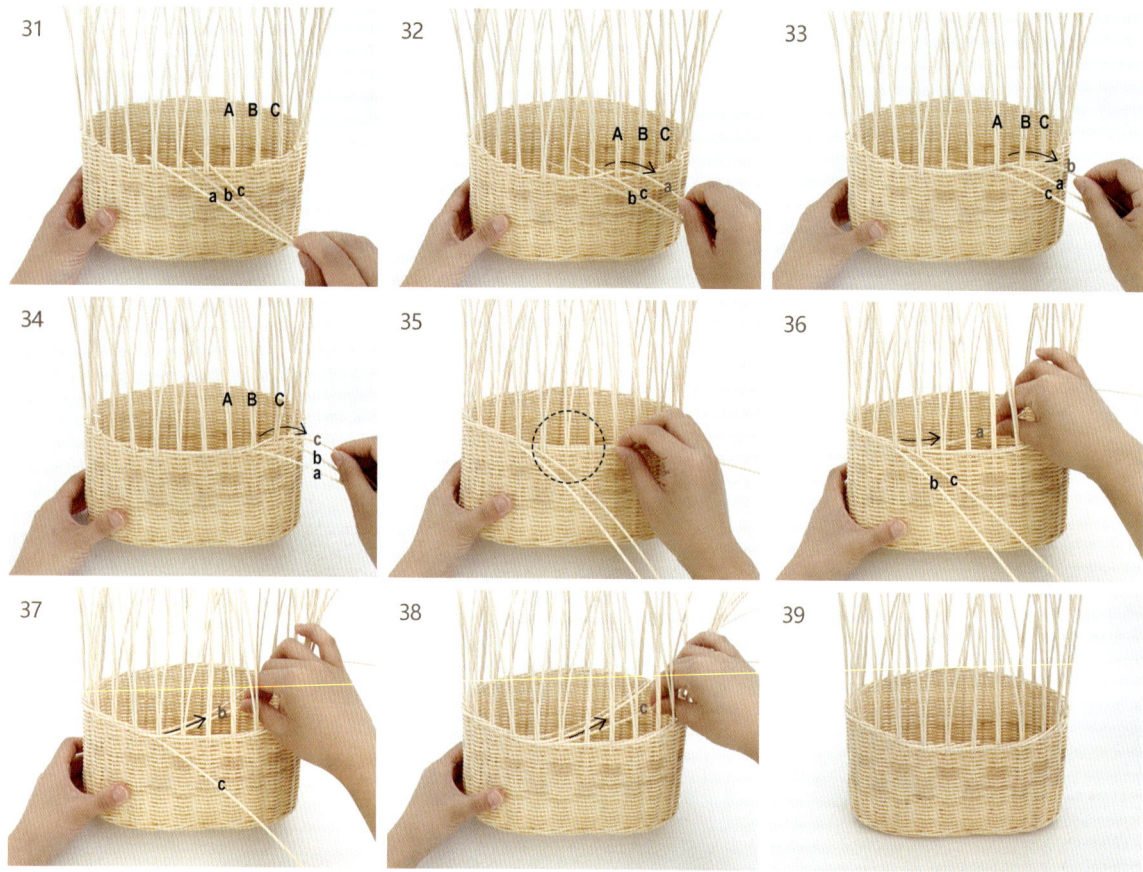

31. 사릿대 3줄을 추가해 세줄꼬아엮기를 준비합니다.

32. a사릿대를 A날대에 걸어주며 세줄꼬아엮기를 시작합니다(47쪽 세줄꼬아엮기 참조).

33. b사릿대를 B날대에 걸어줍니다.

34. c사릿대를 C날대에 걸어줍니다.

35. 과정 32~34를 반복하며 세줄꼬아엮기를 1바퀴 엮은 후 시작점과 겹치는 부분에서 멈춰줍니다.

36. 사용하던 a사릿대를 날대 뒤로 넘겨줍니다.

37. b사릿대를 다음 날대 뒤로 넘겨줍니다.

38. c사릿대를 다음 날대 뒤로 넘겨줍니다.

39. 사용하던 사릿대는 모두 잘라냅니다.

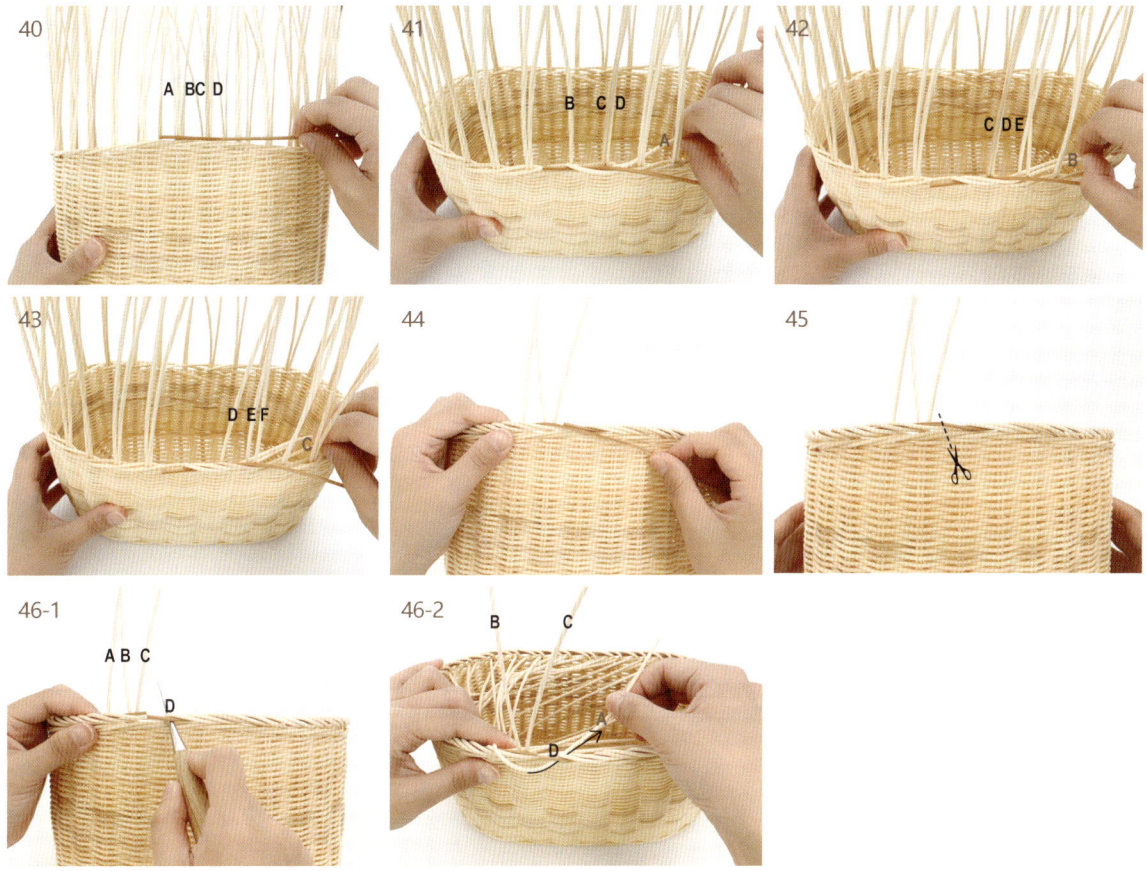

40. 새로운 사릿대 1줄로 감아 마무리용 심대를 준비합니다.

41. A날대로 심대를 감아 D날대 다음으로 넣어주며 감아마무리를 시작합니다(72쪽 감아젖혀마무리 참조).

42. B날대로 심대를 감아 E날대 다음으로 넣어줍니다.

43. C날대로 심대를 감아 F날대 다음으로 넣어줍니다.

44. 날대가 3줄 남을 때까지 과정 41~43을 반복합니다.

45. 심대는 끝이 맞닿도록 잘라냅니다.

46. 송곳으로 D날대 틈을 만들어 A날대를 넣어줍니다.

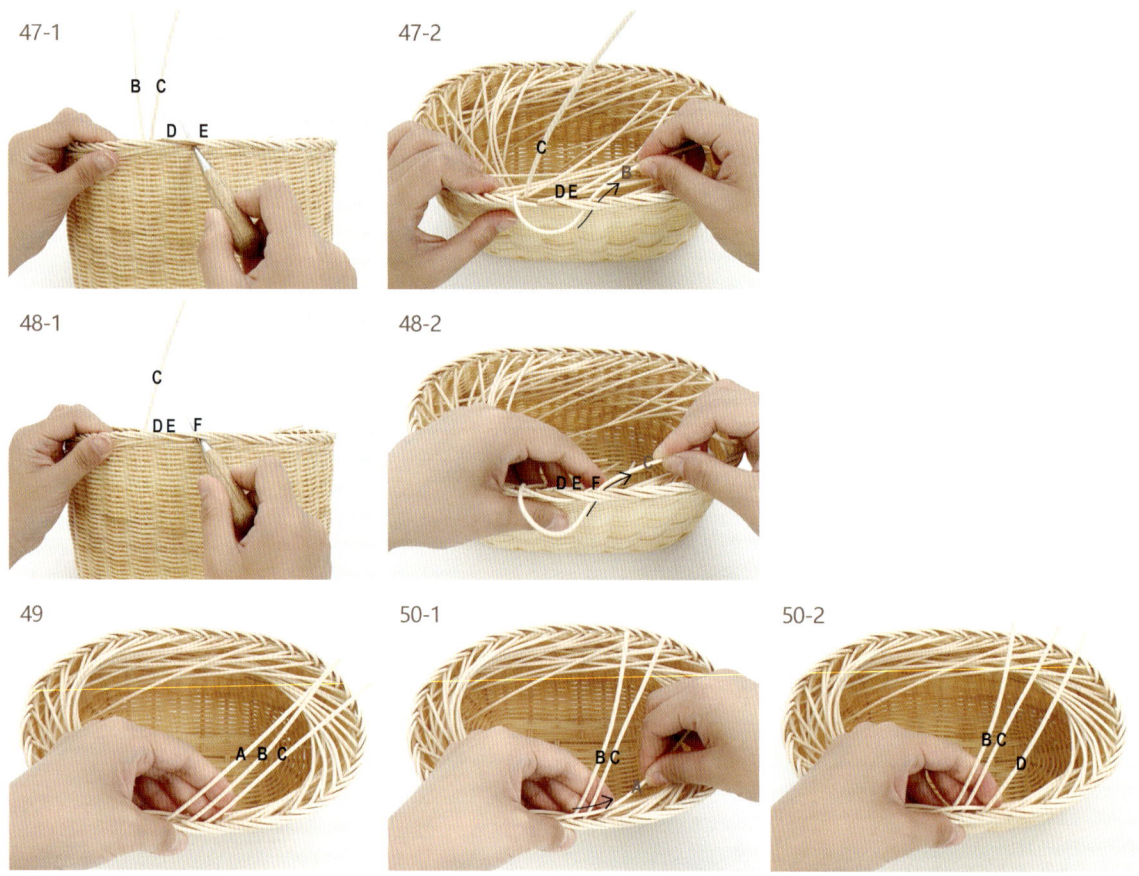

47. 송곳으로 E날대 틈을 만들어 B날대를 넣어줍니다.

48. 송곳으로 F날대 틈을 만들어 C날대를 넣어줍니다.

49. 날대 3줄을 꺼내줍니다.

50. A날대로 오른쪽 날대 2개를 덮어 넣으며 젖혀마무리를 시작합니다.

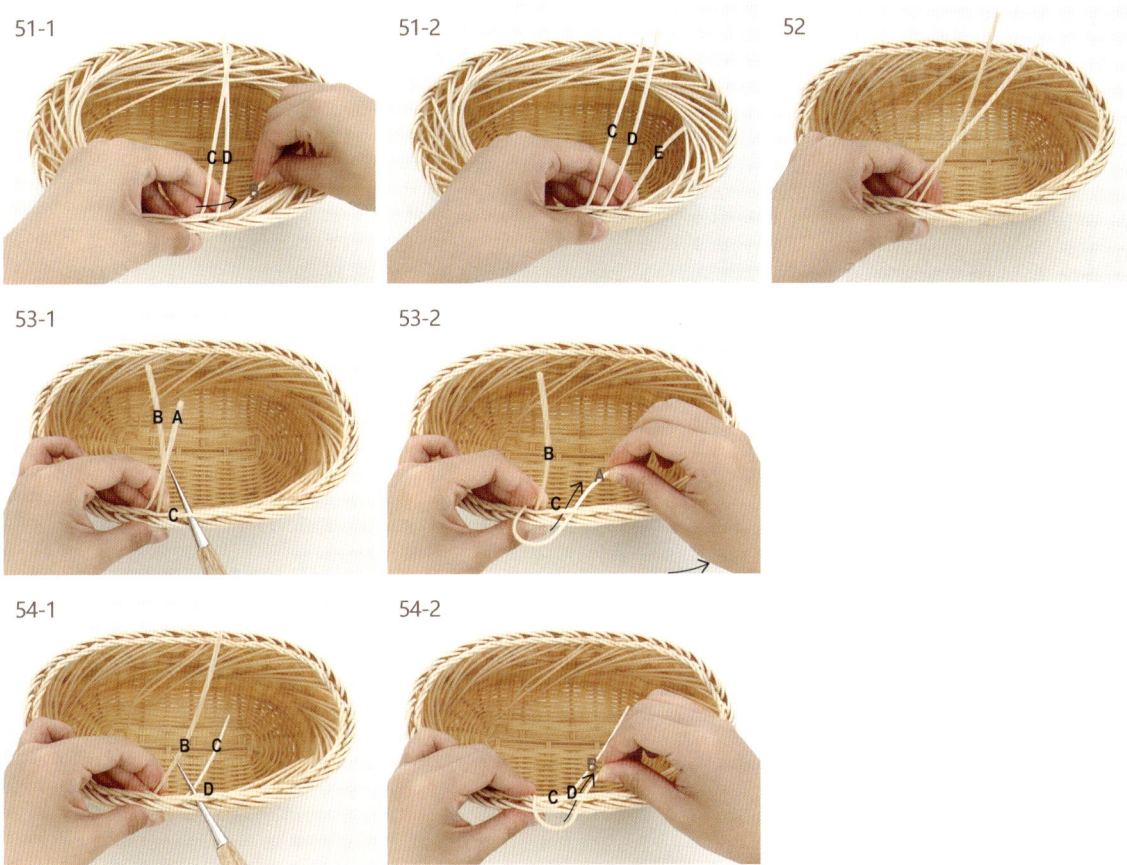

51. B 날대로 오른쪽 날대 2개를 덮어 넣어줍니다.

52. 날대 2줄이 남을 때까지 과정 50~51을 반복합니다.

53. 송곳으로 C날대 틈을 만들어 A날대를 넣어줍니다.

54. 송곳으로 D 날대 틈을 만들어 B 날대를 넣어줍니다.

55. 감아젖혀마무리를 완성한 모습입니다. 남은 날대는 짧게 잘라 정리해줍니다.

56. 작업물 가장 중심이 되는 부분에 송곳으로 틈을 만들어줍니다.

57. 과정 56에서 만든 틈으로 사릿대 1줄을 10cm 정도 넣어줍니다.

58. 준비한 우드링을 올리고 사릿대로 3바퀴 감아줍니다.

59. 송곳을 이용해 감아준 사릿대 사이에 틈을 만들어줍니다.

60. 과정 59에서 만든 틈으로 사릿대를 빼낸 뒤 세게 당겨줍니다.

61. 작업물을 뒤로 돌려 송곳을 이용해 틈을 만들어줍니다.

62. 과정 61에서 만든 틈으로 사릿대를 빼낸 뒤 세게 당겨줍니다.

63. 남은 사릿대는 모두 짧게 잘라냅니다.

64. 라탄 편지함을 완성한 모습입니다.

10

소품 정리함

날대 : 2.0mm 환심 55cm × 36줄
사릿대 : 2.0mm 환심
부재료 : 라탄 공예용 합판 23cm × 15cm 기준

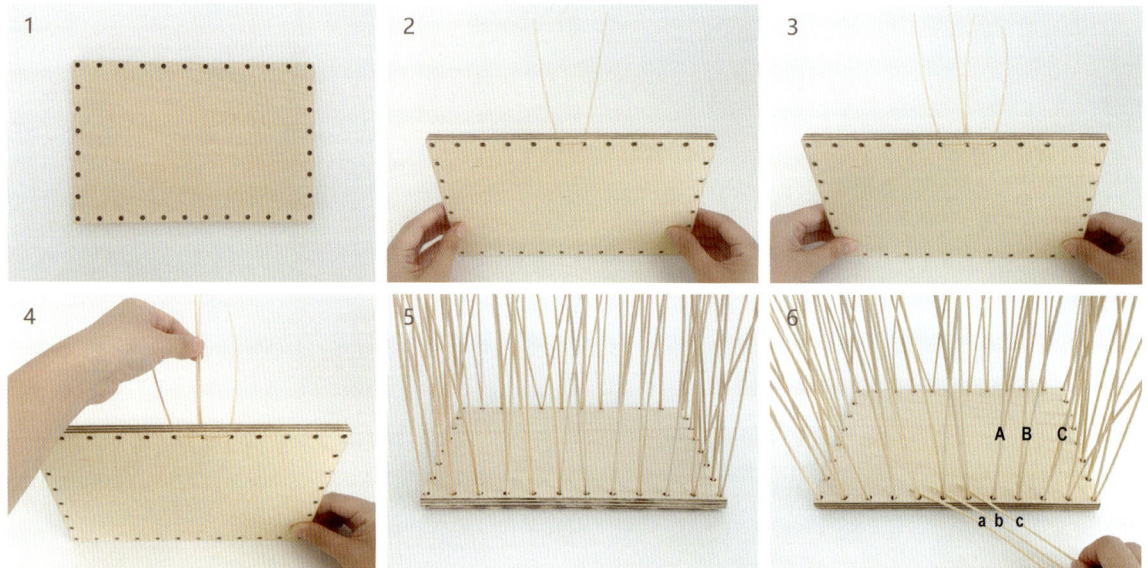

1. 사각형 모양의 라탄 작업용 합판을 준비합니다.
2. 날대 1줄의 중심을 잘 맞춰 합판 홀에 U자 모양으로 넣어줍니다.
3. 바로 옆 칸에 날대 1줄을 U자 모양으로 넣어줍니다. 이때 날대는 2줄이 1조
   가 되도록 합니다.
4. 날대는 꼬이지 않도록 나란히 펴줍니다. 타원형으로 타공된 합판은 생략해
   도 됩니다.
5. 과정 2~4를 반복하며 모든 홀에 날대를 넣어줍니다.
6. 사릿대 3줄을 추가하여 세줄꼬아엮기를 준비합니다.

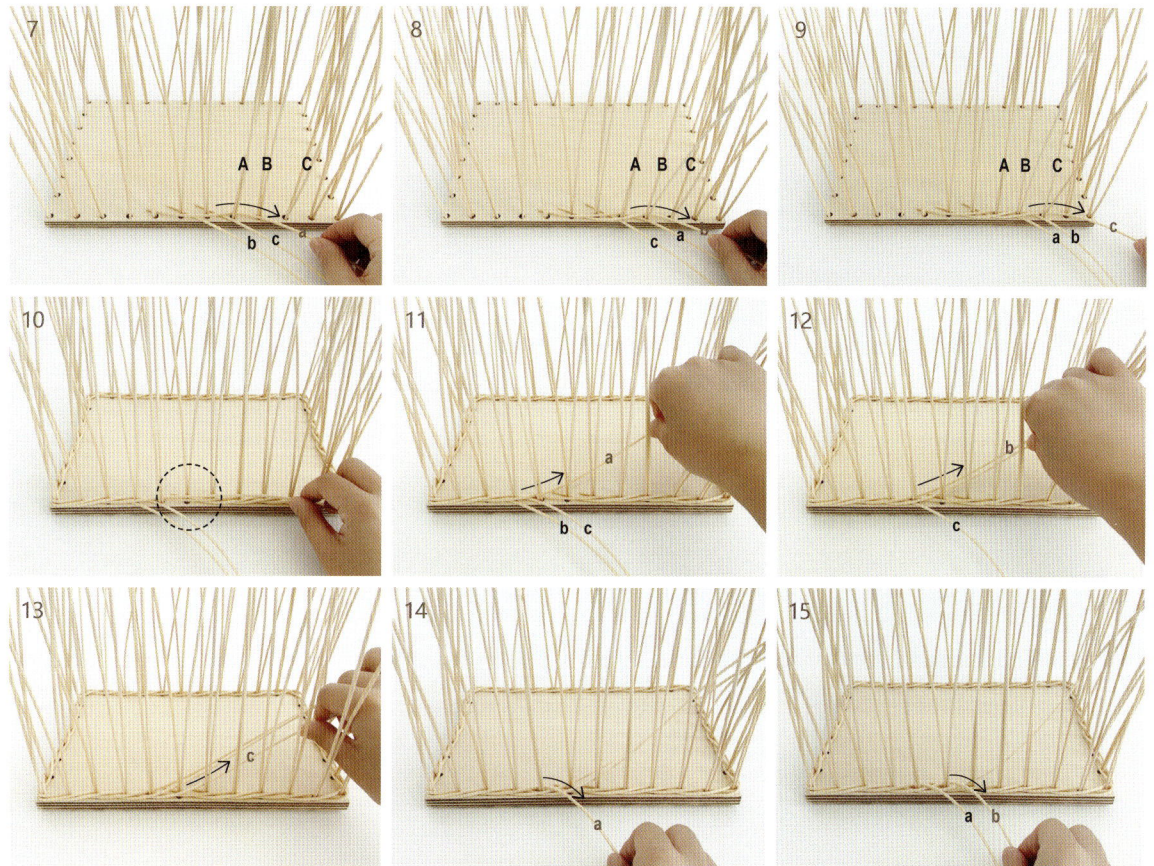

7. a사릿대를 A날대에 걸어주며 세줄꼬아엮기를 시작합니다(47쪽 세줄꼬아엮기 참조).

8. b사릿대를 B날대에 걸어줍니다.

9. c사릿대를 C날대에 걸어줍니다.

10. 과정 7~9를 반복하여 세줄꼬아엮기를 1바퀴 엮은 후 시작점과 겹치는 부분에서 멈춰줍니다.

11. 사용하던 a사릿대를 날대 뒤로 넘겨줍니다.

12. b사릿대를 다음 날대 뒤로 넘겨줍니다.

13. c사릿대를 다음 날대 뒤로 넘겨줍니다.

14. a사릿대를 날대 밖으로 꺼내줍니다.

15. b사릿대를 그다음 날대 밖으로 꺼내줍니다.

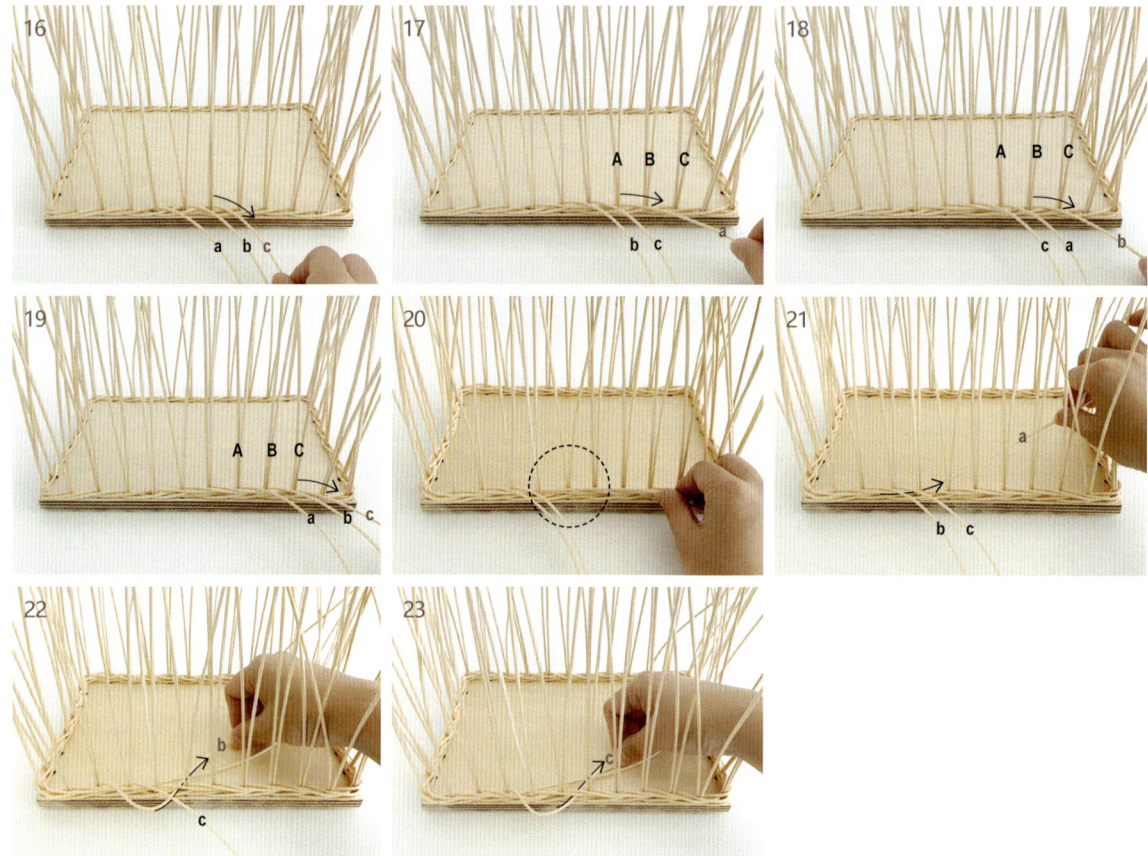

16. c사릿대를 그다음 날대 밖으로 꺼내줍니다.

17. a사릿대를 b, c사릿대의 아래를 지나 A날대에 걸어주며 세줄꼬아엮기(아래로)를 시작합니다[49쪽 세줄꼬아엮기(아래로) 참조].

18. b사릿대를 c, a사릿대의 아래를 지나 B날대에 걸어줍니다.

19. c사릿대를 a, b사릿대의 아래를 지나 C날대에 걸어줍니다.

20. 과정 17~19를 반복하여 세줄꼬아엮기(아래로)를 1바퀴 엮은 후 시작점과 겹치는 부분에서 멈춰줍니다.

21. 사용하던 a사릿대를 날대 뒤로 넘겨줍니다.

22. b사릿대를 c사릿대 아래를 지나 시작점 1줄 아래로 넣어줍니다.

23. c사릿대를 다음 칸 시작점 2줄 아래로 넣어주어 세줄꼬아엮기와 세줄꼬아엮기(아래로)를 이용한 솔잎무늬를 완성합니다.

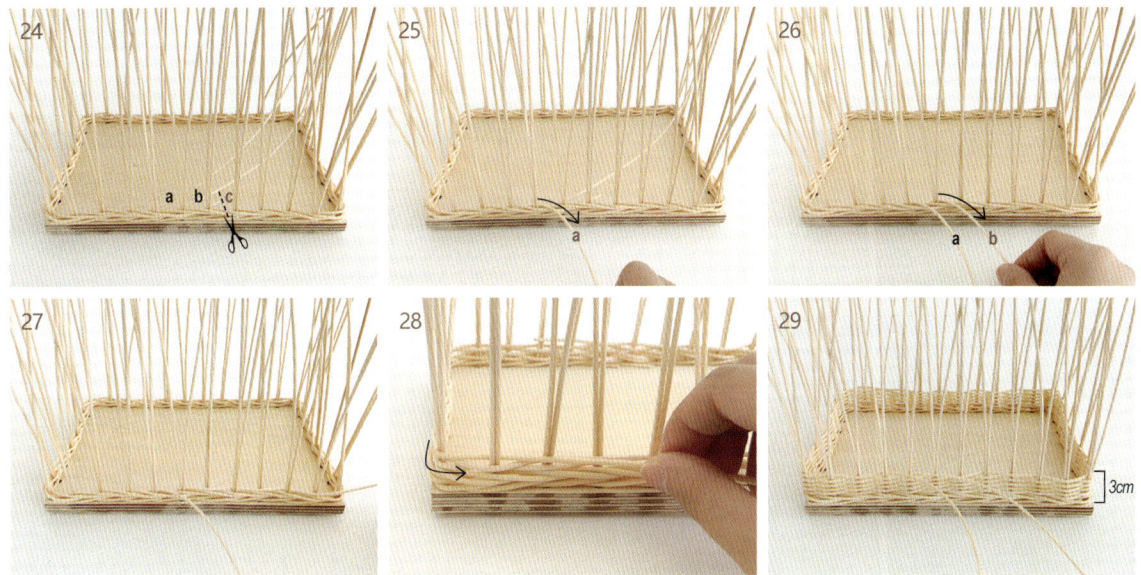

24. c사릿대를 잘라냅니다.

25. a사릿대를 날대 밖으로 꺼내줍니다.

26. b사릿대를 그다음 날대 밖으로 꺼내줍니다.

27. 사릿대 2줄을 이용해 따라엮기를 시작합니다(45쪽 따라엮기 참조).

28. 모서리를 지날 때에는 각을 잘 살려 엮어줍니다.

29. 전체 높이 3cm가 될 때까지 따라엮기를 한 후 사릿대는 시작점에서
    멈춰줍니다.

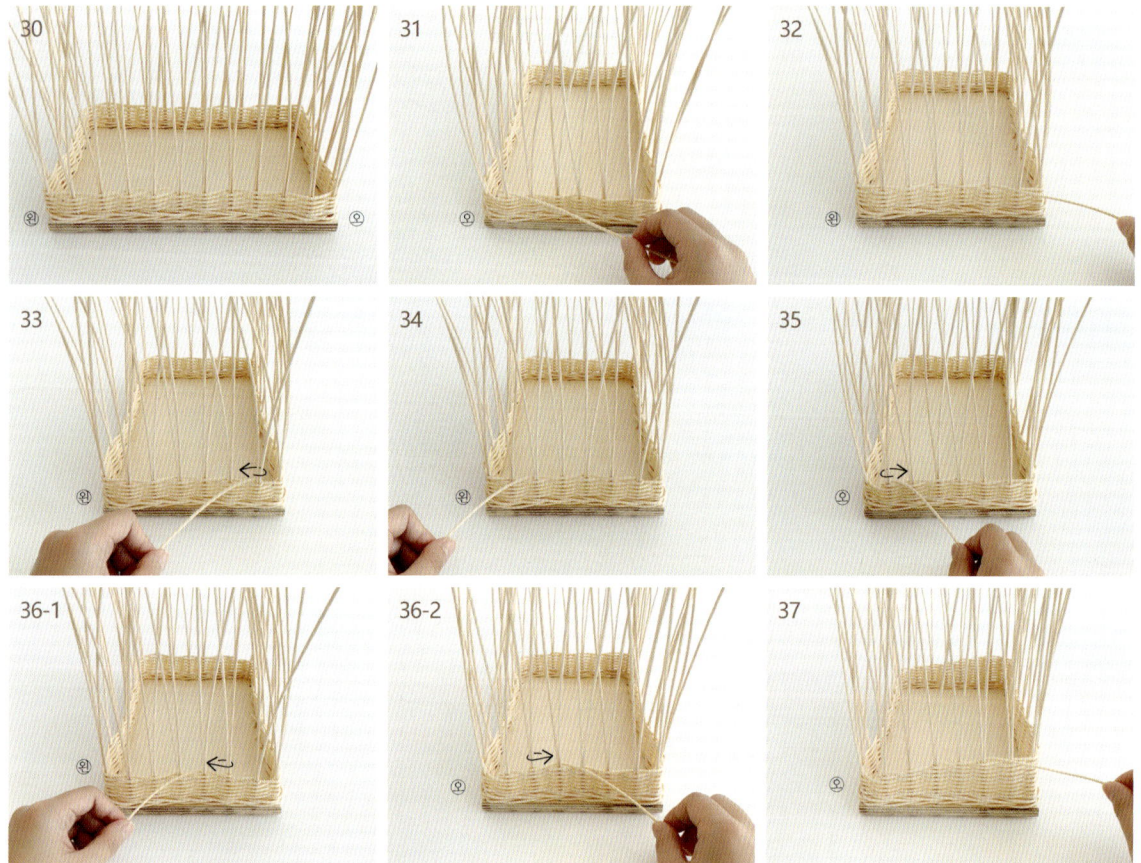

30. 사용하던 사릿대는 모두 날대 뒤에서 잘라냅니다.

31. 작업물 오른쪽 면에 사릿대를 1줄 추가해줍니다.

32. 막엮기를 하며 왼쪽 면 끝까지 엮어줍니다.

33. 사릿대를 반대편으로 접어 되돌아엮기를 시작합니다(53쪽 되돌아엮기 참조).

34. 반대방향으로 계속해서 엮어줍니다.

35. 과정 33에서 접어준 날대와 마주보는 날대에서 다시 되돌아엮기를 엮어줍니다.

36. 날대를 1칸씩 줄여가며 되돌아엮기를 이어갑니다.

37. 되돌아엮기를 5바퀴씩 해줍니다.

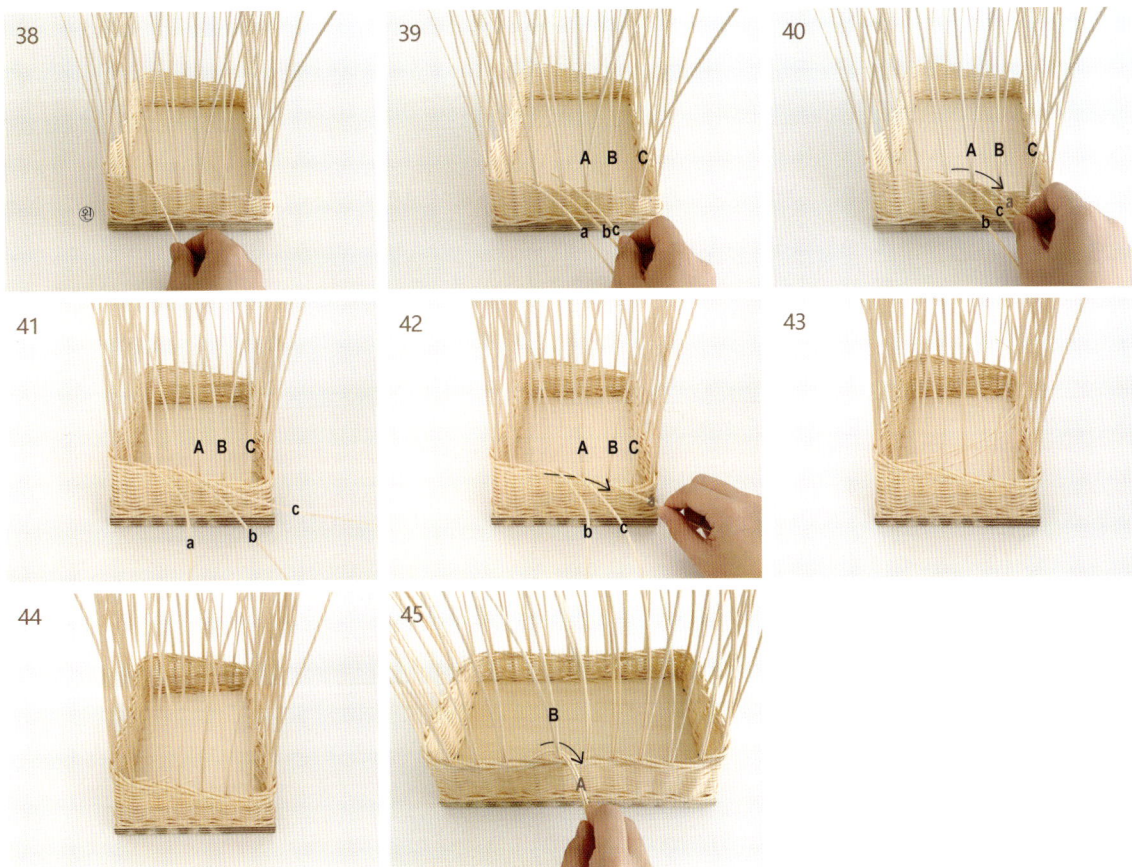

38. 왼쪽 면 마지막 되돌아엮기 지점까지 엮어줍니다.

39. 새로운 사릿대 2줄을 추가하여 세줄꼬아엮기를 준비합니다.

40. a사릿대를 A날대에 걸어주며 세줄꼬아엮기를 시작합니다(47쪽 세줄꼬아엮기 참조).

41. 세줄꼬아엮기를 1바퀴 엮은 모습입니다.

42. a사릿대를 b, c사릿대 아래를 지나 A날대에 걸어주며 세줄꼬아엮기(아래로)를 시작합니다[49쪽 세줄꼬아엮기(아래로) 참조].

43. 세줄꼬아엮기(아래로)를 1바퀴 엮어 솔잎무늬를 완성합니다.

44. 사릿대는 모두 날대 뒤에서 잘라냅니다.

45. A날대를 B날대 뒤에서 나오도록 젖혀주며 두줄엮어마무리를 시작합니다 (68쪽 두줄엮어마무리 참조).

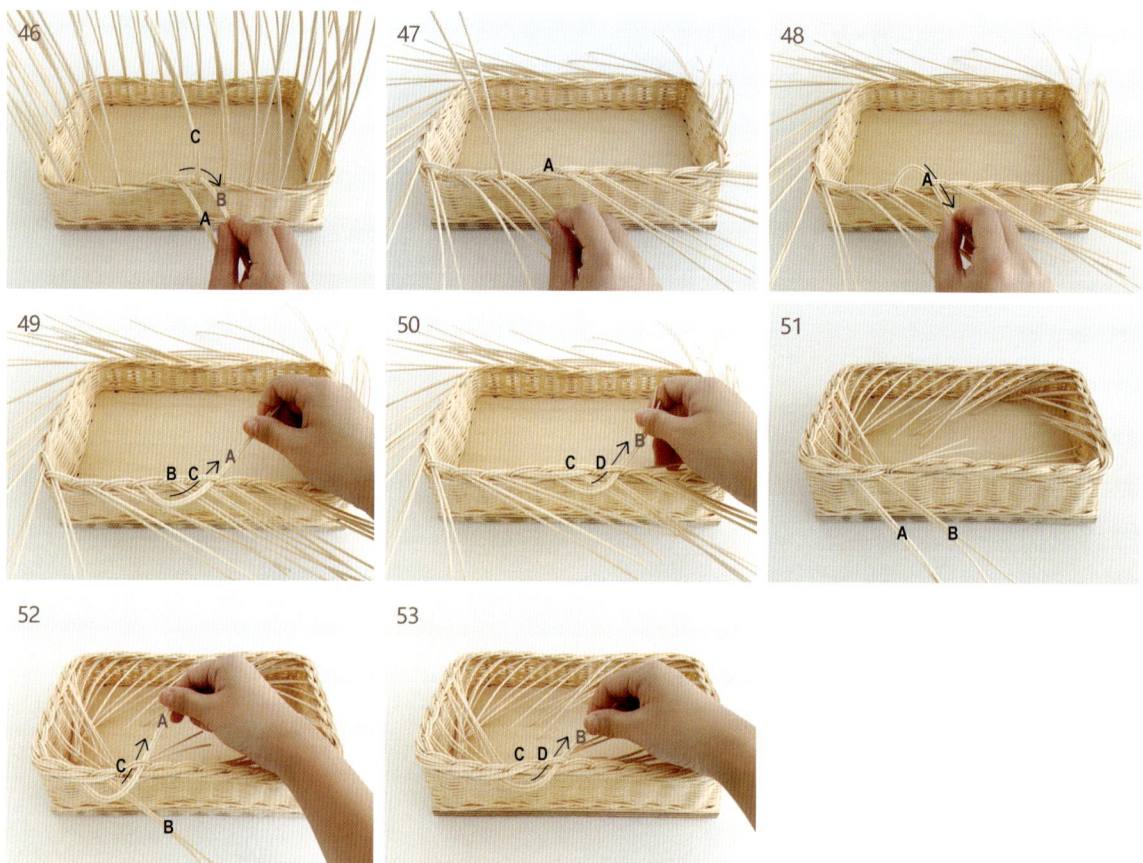

46. B날대를 C날대 뒤에서 나오도록 젖혀줍니다.

47. 날대가 1조 남을 때까지 과정 45~46을 반복합니다.

48. 남은 날대 1조는 A날대 틈으로 넣어줍니다.

49. A날대를 C날대 틈으로 넣어줍니다.

50. B날대를 D날대 틈으로 넣어줍니다.

51. 날대가 2조 남을 때까지 과정 49~50을 반복합니다.

52. A날대를 C날대 틈으로 넣어줍니다.

53. B날대를 D날대 틈으로 넣어줍니다.

54. 날대 2조를 나란히 꺼내줍니다.

55. 왼쪽 날대로 오른쪽 날대를 덮어 넣어줍니다.

56. 다음 오른쪽 날대를 1조 더 꺼내줍니다.

57. 날대가 1조 남을 때까지 과정 55~56을 반복합니다.

58. 남은 A날대를 B날대 틈으로 넣으며 두줄엮어마무리를 완성합니다.

59. 날대와 사릿대를 정리하여 소품 정리함을 완성합니다.

11 푸드 커버

날대 : 2.0mm 환심 75cm × 16줄
사릿대 : 2.0mm 환심

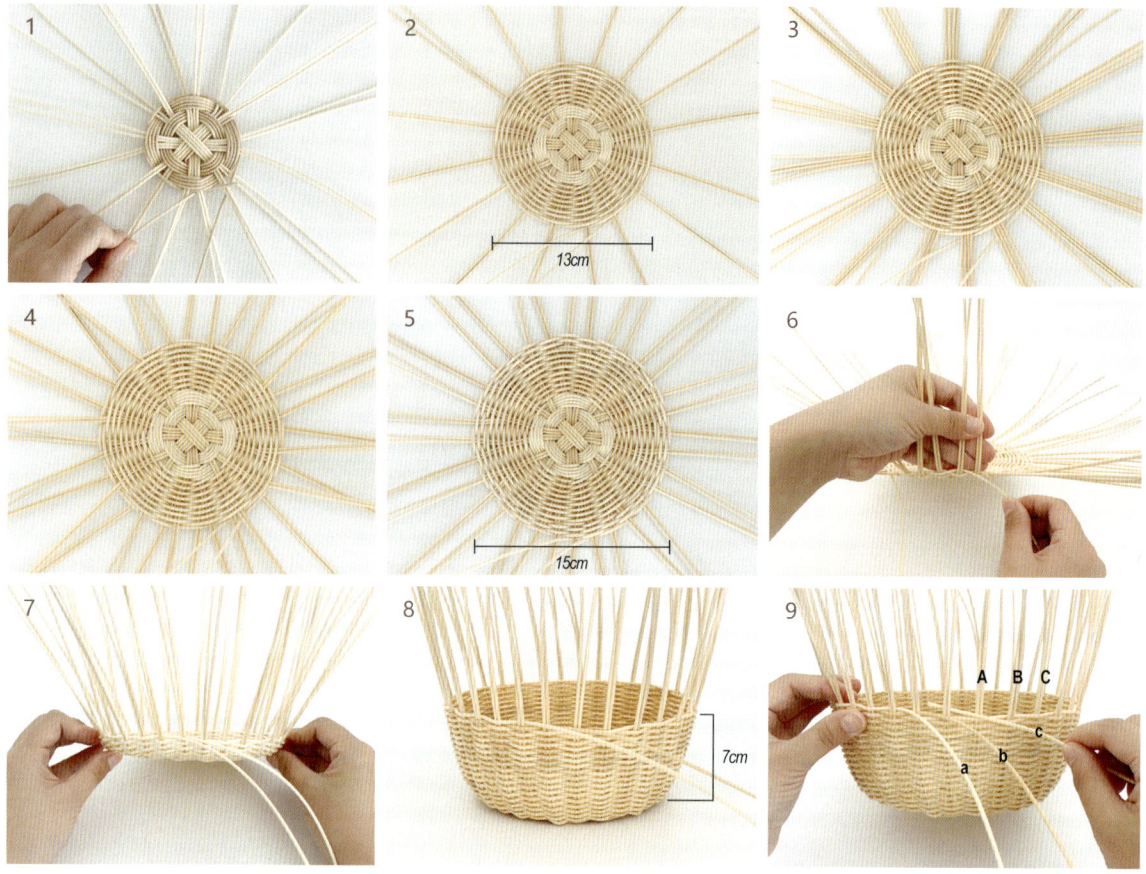

1. 날대 16줄을 이용하여 쌀미 바닥을 만들어줍니다[38쪽 쌀미 바닥(짝수) 참조].

2. 바닥 지름이 13cm가 될 때까지 따라엮기로 엮어줍니다(45쪽 따라엮기 참조).

3. 모든 날대가 4줄 1조가 되도록 날대 양옆으로 덧날대를 끼워줍니다.

4. 날대를 다시 2줄 1조로 나누어줍니다.

5. 바닥 지름 15cm가 될 때까지 따라엮기를 해줍니다.

6. 작업물을 뒤집어 날대를 세우며 따라엮기를 이어갑니다.

7. 날대가 너무 퍼지지 않도록 각도를 조절하며 엮어갑니다.

8. 높이 7cm가 될 때까지 따라엮기를 한 후 사릿대는 시작점에서 멈춰줍니다.

9. 새로운 사릿대 1줄을 추가하여 세줄꼬아엮기를 준비합니다.

10. a사릿대를 A날대에 걸어주며 세줄꼬아엮기를 시작합니다(47쪽 세줄꼬아엮기 참조).

11. b사릿대를 B날대에 걸어줍니다.

12. c사릿대를 C날대에 걸어줍니다.

13. 과정 9~12를 반복하여 세줄꼬아엮기를 1바퀴 엮은 후 시작점과 겹치는 부분에서 멈춰줍니다.

14. 사용하던 a사릿대를 날대 뒤로 넘겨줍니다.

15. b사릿대를 다음 날대 뒤로 넘겨줍니다.

16. c사릿대를 다음 날대 뒤로 넘겨줍니다.

17. a사릿대를 날대 밖으로 꺼내줍니다.

18. b사릿대를 그다음 날대 밖으로 꺼내줍니다.

19. c사릿대를 그다음 날대 밖으로 꺼내줍니다.

20. 세줄꼬아엮기를 2바퀴 더 엮어줍니다.

21. 모든 사릿대는 1cm 정도 남기고 사선으로 잘라냅니다.

22. 잘라낸 사릿대가 밖에서 보이지 않도록 안쪽으로 넣어줍니다.

23. 사릿대 1줄을 반으로 접어 날대 1조에 걸어줍니다. 이때 간격은 1cm 정도
    띄워줍니다.

24. a사릿대를 다음 날대에 걸어주며 꼬아엮기를 시작합니다(46쪽 꼬아엮기 참조).

25. b사릿대를 다음 날대에 걸어주며 꼬아엮기를 이어갑니다.

26. 꼬아엮기를 2바퀴 엮어줍니다.

27. 사릿대 2줄은 시작점 날대 뒤에서 잘라냅니다.

28. 과정 23~25를 한 번 더 반복하여 꼬아엮기를 1바퀴 엮어줍니다.

29. 새로운 사릿대 1줄을 추가하여 세줄꼬아엮기를 준비합니다.

30. a사릿대를 A날대에 걸어주며 세줄꼬아엮기를 시작합니다(47쪽 세줄꼬아엮기 참조).

31. b사릿대를 B날대에 걸어줍니다.

32. c사릿대를 C날대에 걸어줍니다.

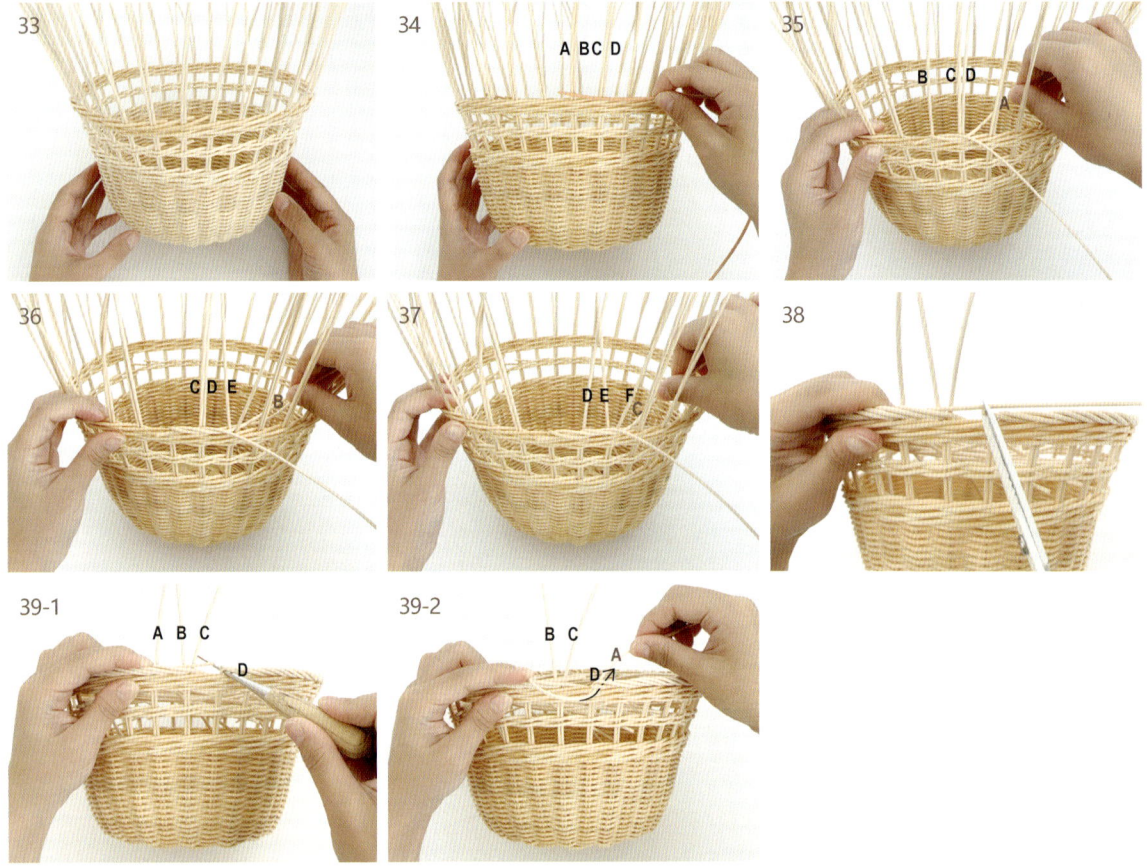

33. 과정 10~20을 참고하여 세줄꼬아엮기를 2바퀴 엮은 후 사릿대는 모두 날
대 뒤에서 잘라냅니다.

34. 새로운 사릿대 1줄로 감아 마무리용 심대를 준비합니다.

35. A날대로 심대를 감아 D날대 다음으로 넣어주며 감아마무리를 시작합니
다(72쪽 감아젖혀마무리 참조).

36. B날대로 심대를 감아 E날대 다음으로 넣어줍니다.

37. C날대로 심대를 감아 F날대 다음으로 넣어줍니다.

38. 날대가 3줄 남을 때까지 과정 35~37을 반복한 후 심대는 끝이 맞닿도록 잘
라냅니다.

39. 송곳으로 D날대 틈을 만들어 A날대를 넣어줍니다.

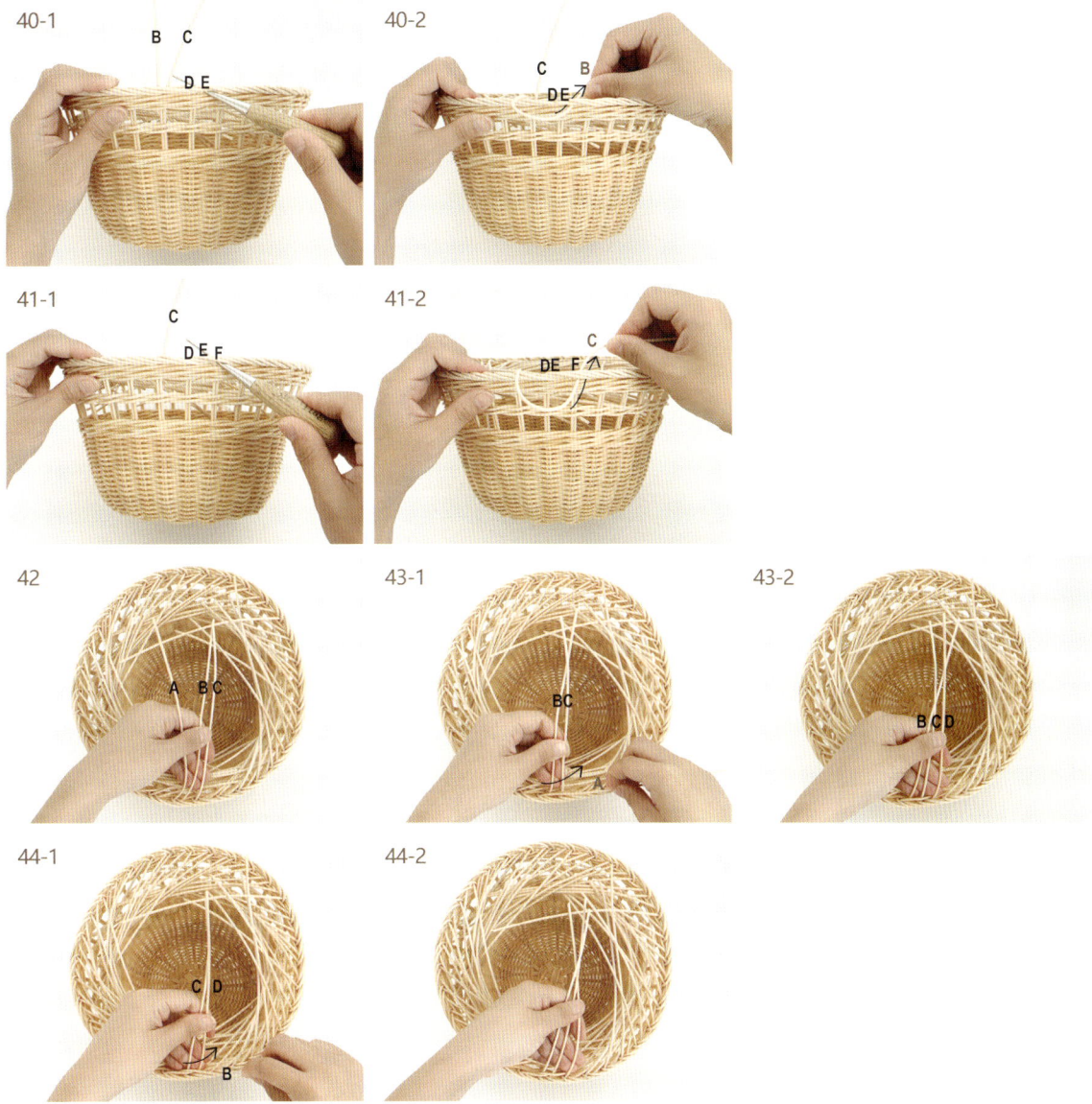

40. 송곳으로 E날대 틈을 만들어 B날대를 넣어줍니다.

41. 송곳으로 F날대 틈을 만들어 C날대를 넣어줍니다.

42. 날대 3줄을 꺼내줍니다.

43. A날대로 오른쪽 날대 2개를 덮어 넣으며 젖혀마무리를 시작합니다.

44. B날대로 오른쪽 날대 2개를 덮어 넣어줍니다.

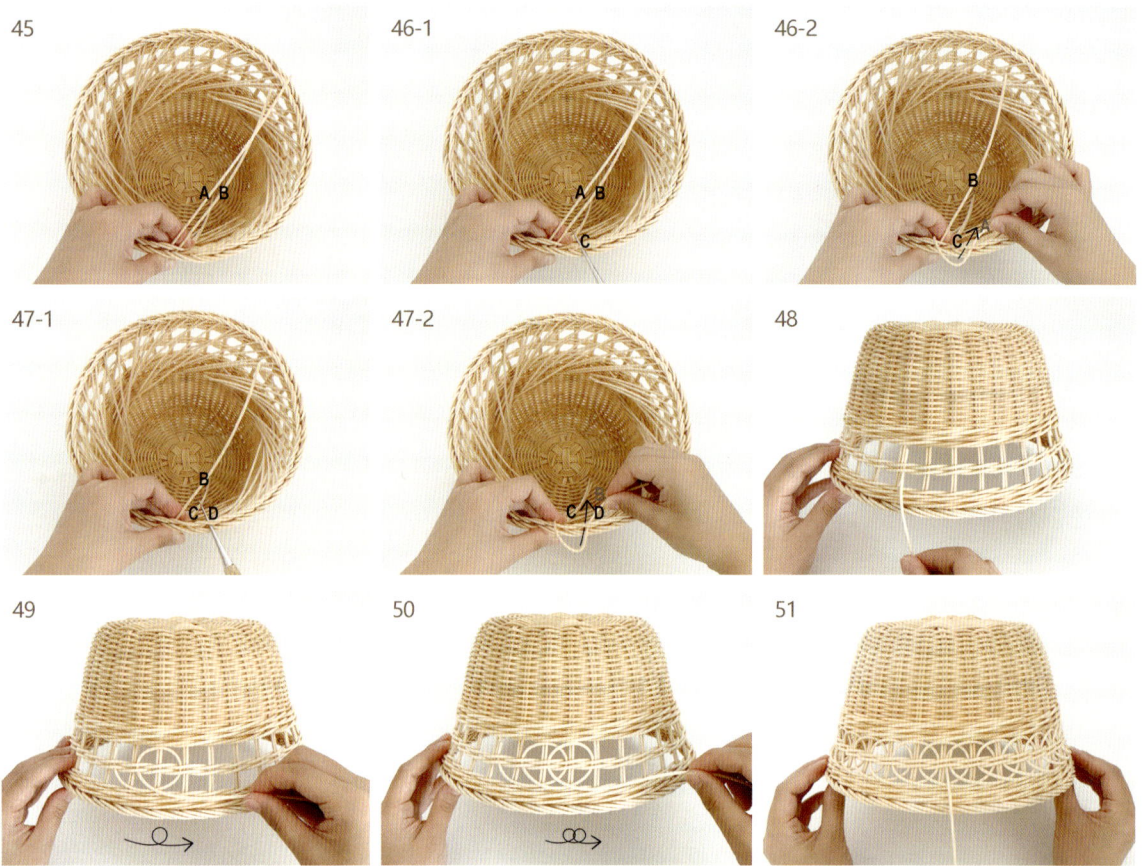

45. 날대 2줄이 남을 때까지 과정 43~44를 반복합니다.

46. 송곳으로 C날대 틈을 만들어 A날대를 넣어줍니다.

47. 송곳으로 D날대 틈을 만들어 B 날대를 넣어줍니다.

48. 새로운 사릿대 1줄을 준비해 사진과 같이 날대 1조 옆으로 나란히 끼워줍니다.

49. 화살표 방향대로 날대와 사릿대 사이를 통과하며 동그란 방울무늬를 시작합니다(57쪽 방울무늬 참조).

50. 화살표 방향대로 1칸 겹치는 방울무늬를 만들어줍니다.

51. 과정 49~50을 반복하여 방울무늬를 1바퀴 만들어줍니다.

52. 사용하던 사릿대는 시작점에서 나란히 끼워준 뒤 짧게 잘라냅니다.

53. 작업물을 바로 세운 뒤 송곳을 끼워 틈을 만들어줍니다.

54. 벌어진 틈으로 사릿대 1줄을 넣어줍니다.

55. 사릿대를 동그랗게 말아 손잡이를 만든 뒤 송곳으로 만든 틈에 통과시킵니다.

56. 과정 55에서 만든 손잡이를 사릿대로 3회 감아 틈으로 통과시켜줍니다.

57. 과정 56에서 감아준 사릿대와 나란히 3회 더 감아줍니다.

58. 남은 사릿대는 짧게 잘라냅니다.

59. 푸드 커버를 완성한 모습입니다.

12 라탄 텀블러 백

날대 : 2.5mm 환심 75cm × 13줄
사릿대 : 2.5mm 환심, 4mm 피등
부자재 : 가죽 스트랩 or 굵은 로프

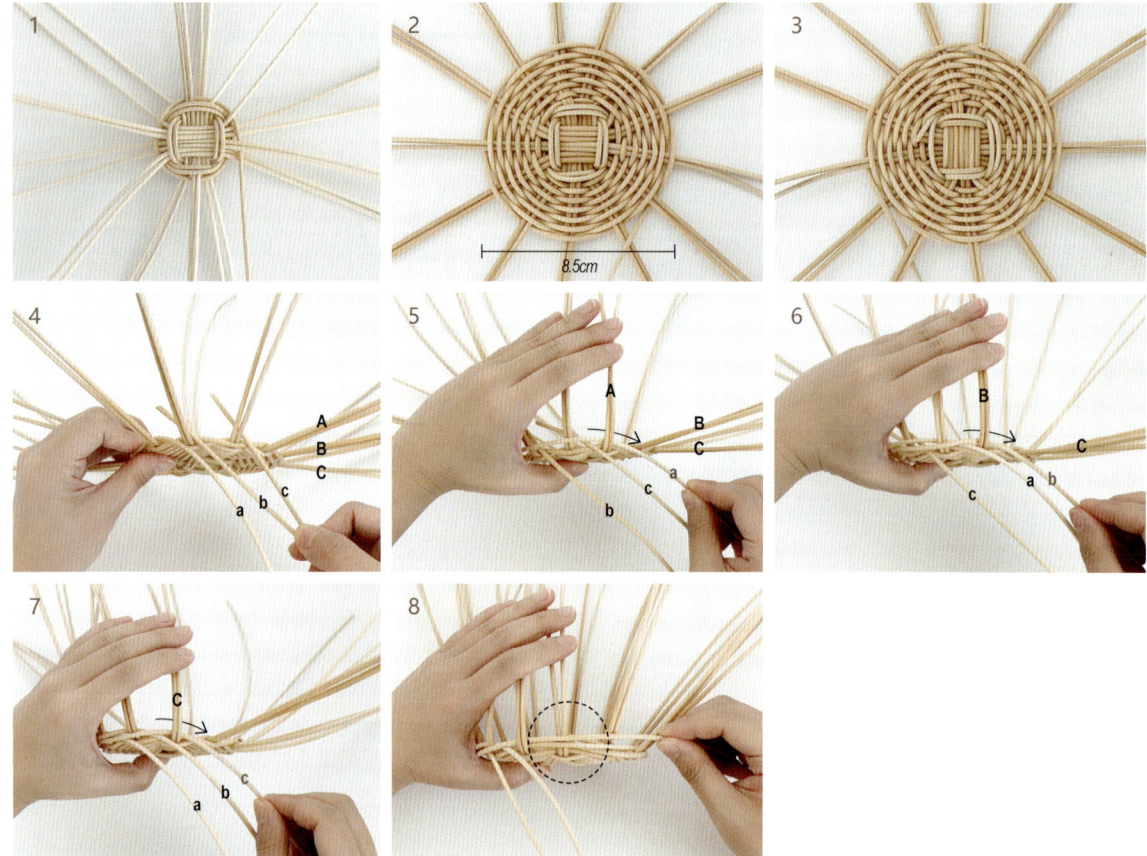

1. 날대 13줄을 이용하여 십자 바닥을 만들어줍니다[28쪽 십자 바닥(홀수) 참조].

2. 바닥 지름 8.5cm가 될 때까지 막엮기를 해줍니다(45쪽 막엮기 참조).

3. 작업물을 뒤집어줍니다.

4. 새로운 사릿대 2줄을 추가하여 세줄꼬아엮기를 준비합니다.

5. a사릿대를 A날대에 걸어주며 세줄꼬아엮기를 시작합니다. 이때 날대는 계
속 직각으로 세워줍니다(47쪽 세줄꼬아엮기 참조).

6. b사릿대를 B날대에 걸어줍니다.

7. c사릿대를 C날대에 걸어줍니다.

8. 과정 5~7을 반복하여 세줄꼬아엮기를 1바퀴 엮은 후 시작점과 겹치는 부분
에서 멈춰줍니다.

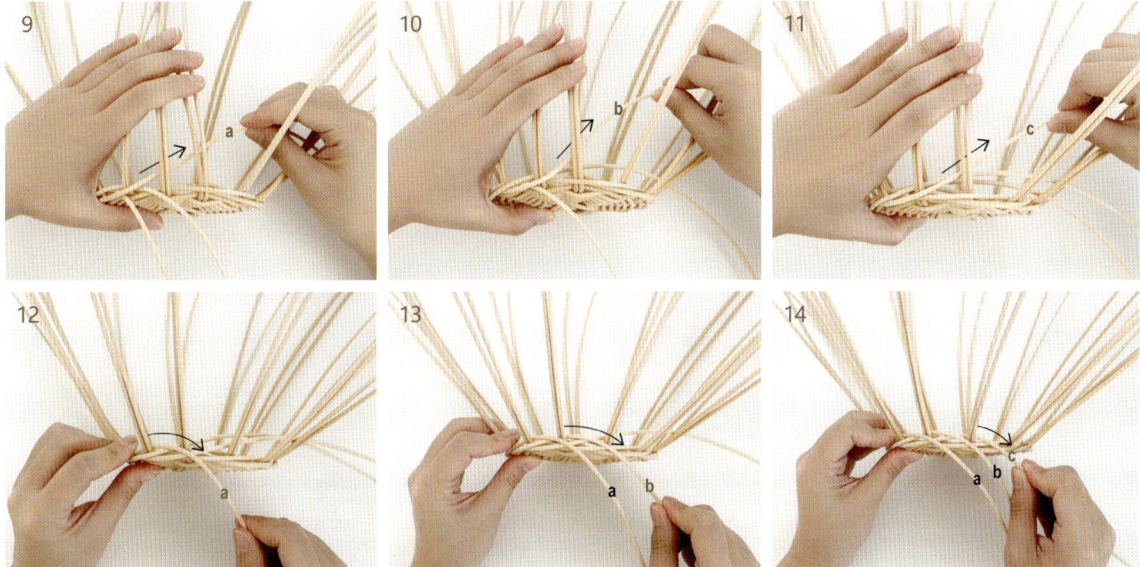

9. 사용하던 a사릿대를 날대 뒤로 넘겨줍니다.

10. b사릿대를 다음 날대 뒤로 넘겨줍니다.

11. c사릿대를 다음 날대 뒤로 넘겨줍니다.

12. a사릿대를 날대 밖으로 꺼내줍니다.

13. b사릿대를 그다음 날대 밖으로 꺼내줍니다.

14. c사릿대를 그다음 날대 밖으로 꺼내줍니다.

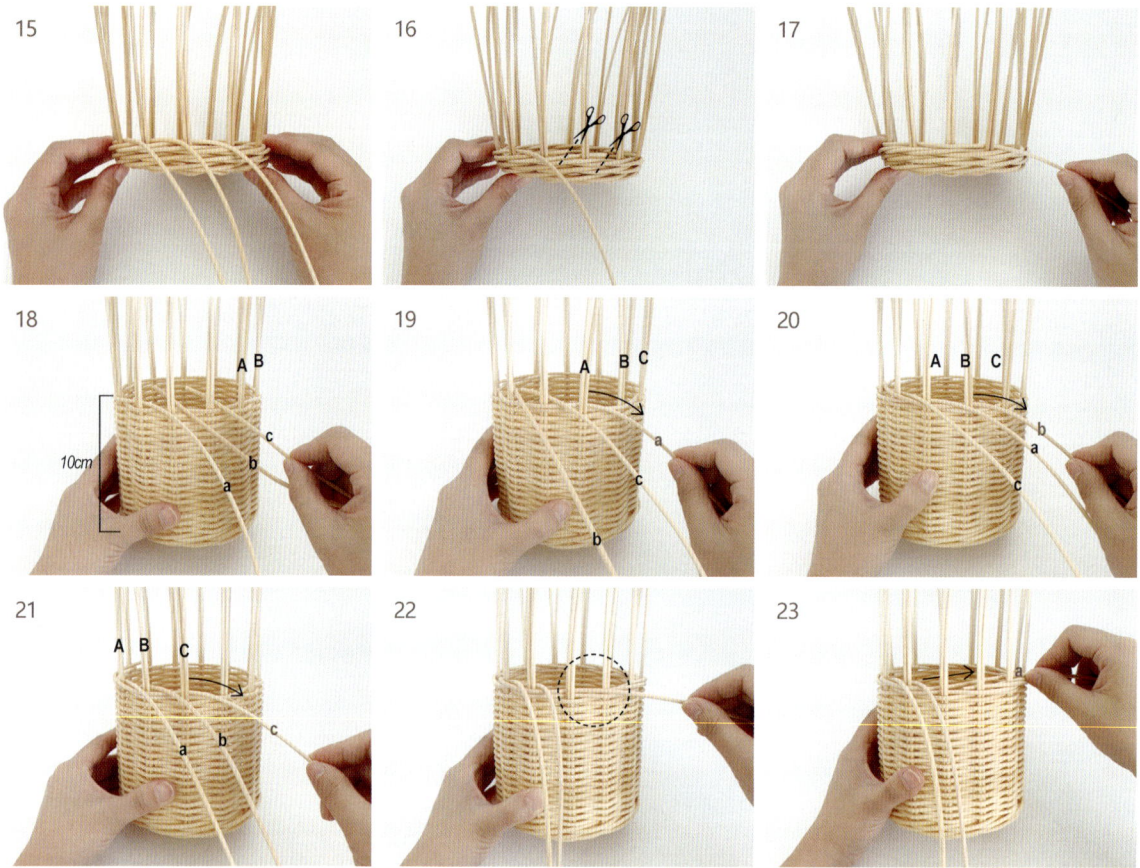

15. 과정 5~14를 반복하여 세줄꼬아엮기를 2바퀴 더 엮어줍니다.

16. 사릿대 2줄을 날대 뒤에서 잘라냅니다.

17. 남은 사릿대로 막엮기를 시작합니다.

18. 전체 높이 10cm가 될 때까지 막엮기를 한 후 새로운 사릿대 2줄을 추가하여 세줄꼬아엮기(아래로)를 준비합니다.

19. a사릿대를 b, c사릿대 아래를 지나 A날대에 걸어주며 세줄꼬아엮기(아래로)를 시작합니다[49쪽 세줄꼬아엮기(아래로) 참조].

20. b사릿대를 c, a사릿대 아래를 지나 B날대에 걸어줍니다.

21. c사릿대를 a, b사릿대 아래를 지나 C날대에 걸어줍니다.

22. 과정 19~21을 반복하여 세줄꼬아엮기(아래로)를 1바퀴 엮은 후 시작점이 겹치는 부분에서 멈춰줍니다.

23. 사용하던 a사릿대를 날대 뒤로 넘겨줍니다.

24. b사릿대를 c사릿대 밑을 지나 시작점 1줄 아래로 넣어줍니다.
25. c사릿대를 다음 칸 시작점의 2줄 아래로 넣어줍니다.
26. a사릿대를 날대 밖으로 꺼내줍니다.
27. b사릿대를 그다음 날대 밖으로 꺼내줍니다.
28. c사릿대를 그다음 날대 밖으로 꺼내줍니다.
29. 과정 19~25를 반복하여 1바퀴 더 엮어줍니다.
30. 모든 사릿대를 날대 뒤에서 잘라냅니다.
31. 사릿대 1줄을 반으로 접어 날대 1조에 걸어줍니다. 이때 간격은 5mm 정도 띄워줍니다.

32. a사릿대를 다음 날대에 걸어주며 꼬아엮기를 시작합니다(46쪽 꼬아엮기 참조).

33. b사릿대를 다음 날대에 걸어주며 꼬아엮기를 이어갑니다.

34. 과정 32~33을 반복하여 꼬아엮기를 3바퀴 엮은 후 멈춰줍니다.

35. 사릿대를 잘라줍니다.

36. 4mm 피등 1줄을 꼬아엮기 아래 틈으로 넣어줍니다.

37. 피등으로 A날대를 1바퀴 감아 내려가며 아가일무늬를 시작합니다(62쪽 아가일무늬 참조).

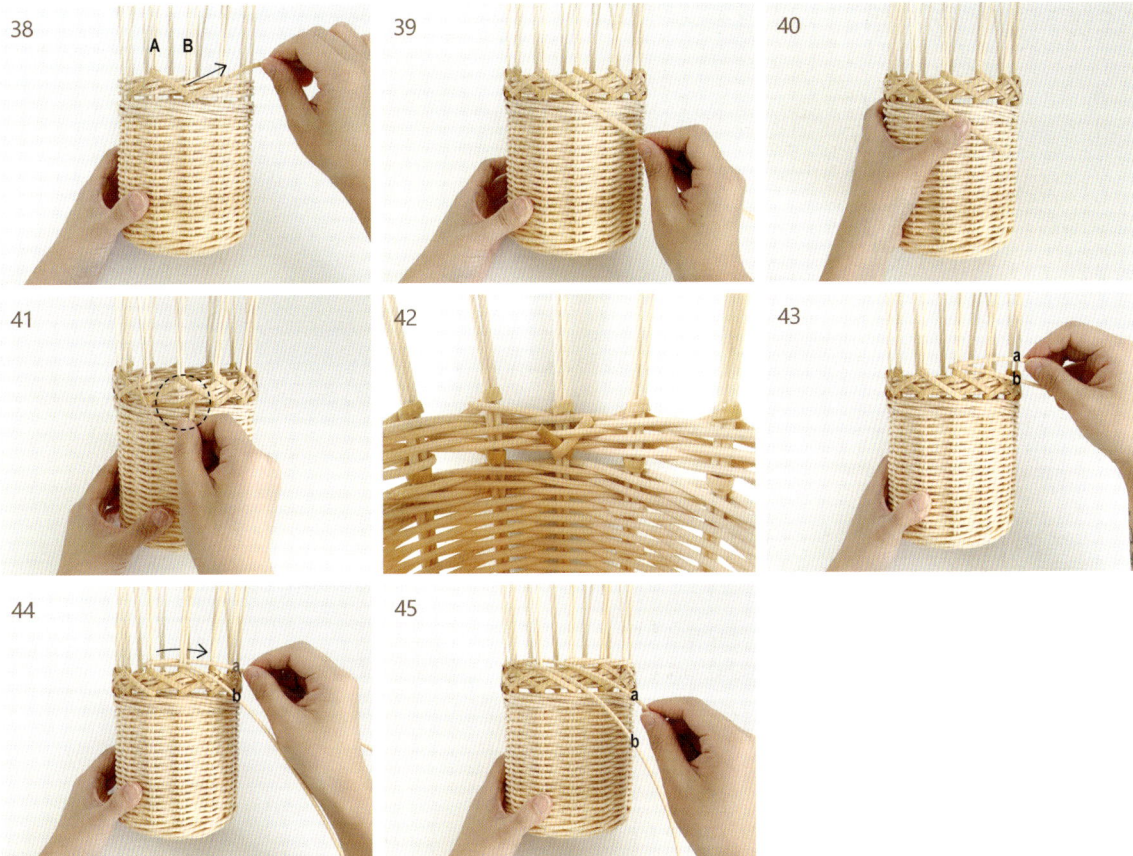

38. 피등으로 B날대를 1바퀴 감으며 올라갑니다.

39. 과정 37~38을 반복하여 총 2바퀴 엮어 아가일무늬를 만든 후 시작점에서 멈춰줍니다.

40. 사용하던 피등을 여유있게 잘라냅니다.

41. 잘라낸 피등은 시작점 날대 옆으로 넣어줍니다.

42. 남은 피등은 날대 뒤로 끼워 넣어 고정 시킨 뒤 짧게 잘라냅니다.

43. 사릿대 1줄을 반으로 접어 날대 1조에 걸어줍니다.

44. a사릿대를 다음 날대에 걸어주며 꼬아엮기를 시작합니다(46쪽 꼬아엮기 참조).

45. 1바퀴를 엮은 후 멈춰줍니다.

46. a사릿대를 날대 뒤로 넘겨줍니다.

47. b사릿대를 다음 날대 뒤로 넘겨줍니다.

48. a사릿대를 날대 밖으로 꺼내줍니다.

49. b사릿대를 그다음 날대 밖으로 꺼내줍니다.

50. 새로운 사릿대 1줄을 추가하여 세줄꼬아엮기를 준비합니다.

51. a사릿대를 A날대에 걸어주며 세줄꼬아엮기를 시작합니다(47쪽 세줄꼬아엮기 참조).

52. 세줄꼬아엮기를 1바퀴 엮어준 후 모든 사릿대는 날대 뒤에서 잘라냅니다.

53. 모든 날대 2줄 중 오른쪽 날대 1줄을 짧게 잘라냅니다.

54. A날대를 B날대 뒤에서 나오도록 젖혀주며 한줄엮어마무리를 시작합니다
　　(66쪽 한줄엮어마무리 참조).

55. B날대를 C날대 뒤에서 나오도록 젖혀줍니다.

56. 날대가 1줄 남을 때까지 과정 54~55를 반복합니다.

57. 남은 날대 1줄은 A날대 틈으로 넣어줍니다.

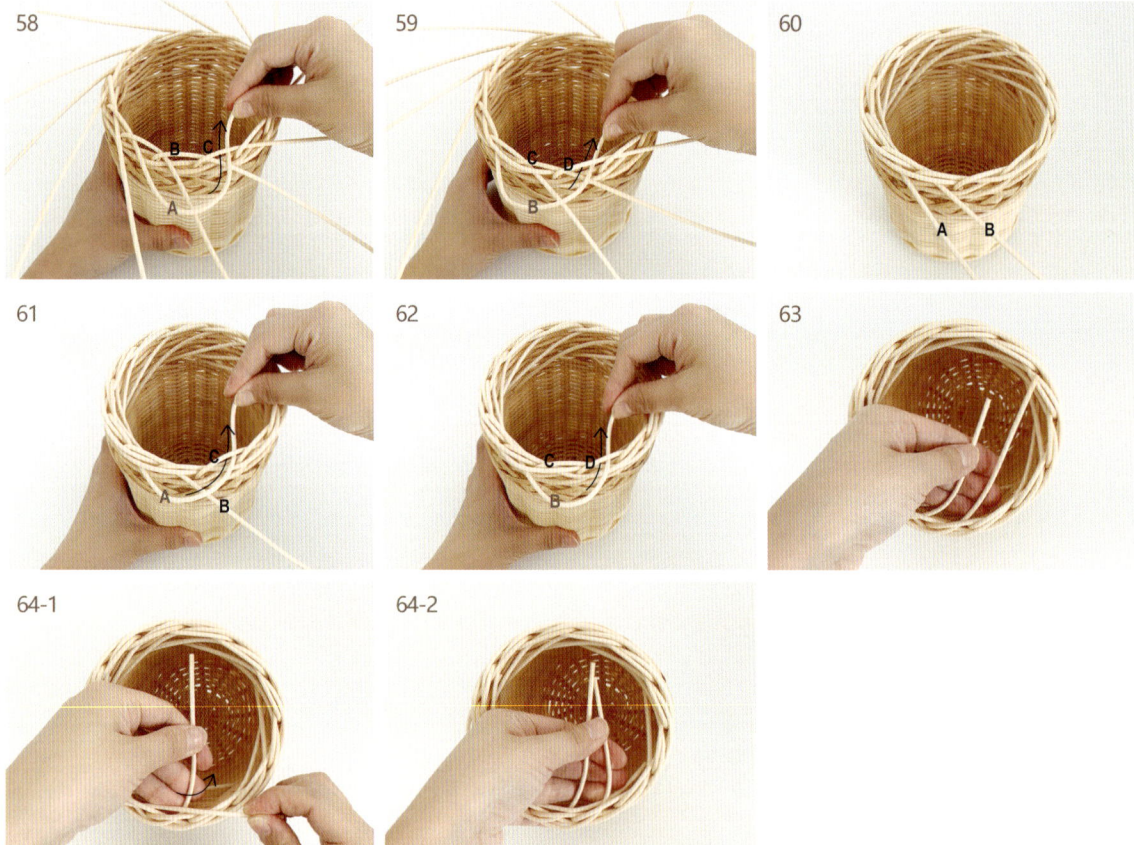

58. A날대를 C날대 틈으로 넣어줍니다.

59. B날대를 D날대 틈으로 넣어줍니다.

60. 날대가 2줄 남을 때까지 과정 58~59를 반복합니다.

61. A날대를 C날대 틈으로 넣어줍니다.

62. B날대를 D날대 틈으로 넣어줍니다.

63. 날대 2줄을 나란히 꺼내줍니다.

64. 왼쪽 날대로 오른쪽 날대를 덮어 넣어준 후 다음 날대를 하나 더 꺼내줍니다.

65. 날대가 1줄 남을 때까지 과정 64를 반복합니다.

66. 남은 A날대를 B날대 틈으로 넣으며 한줄엮어마무리를 완성합니다.

67. 날대와 사릿대를 정리하여 라탄 텀블러백 몸통을 완성합니다.

68. 원하는 스트랩을 달아 라탄 텀블러백을 완성합니다.

쁘
띠
라
탄
백

가로 날대 : 2.0mm 환심 80cm × 8줄
세로 날대 : 2.0mm 환심 70cm × 12줄
사릿대 : 2.0mm 환심, 4mm 피등
손잡이 심대 : 5.0mm 환심 40cm

[몸통]

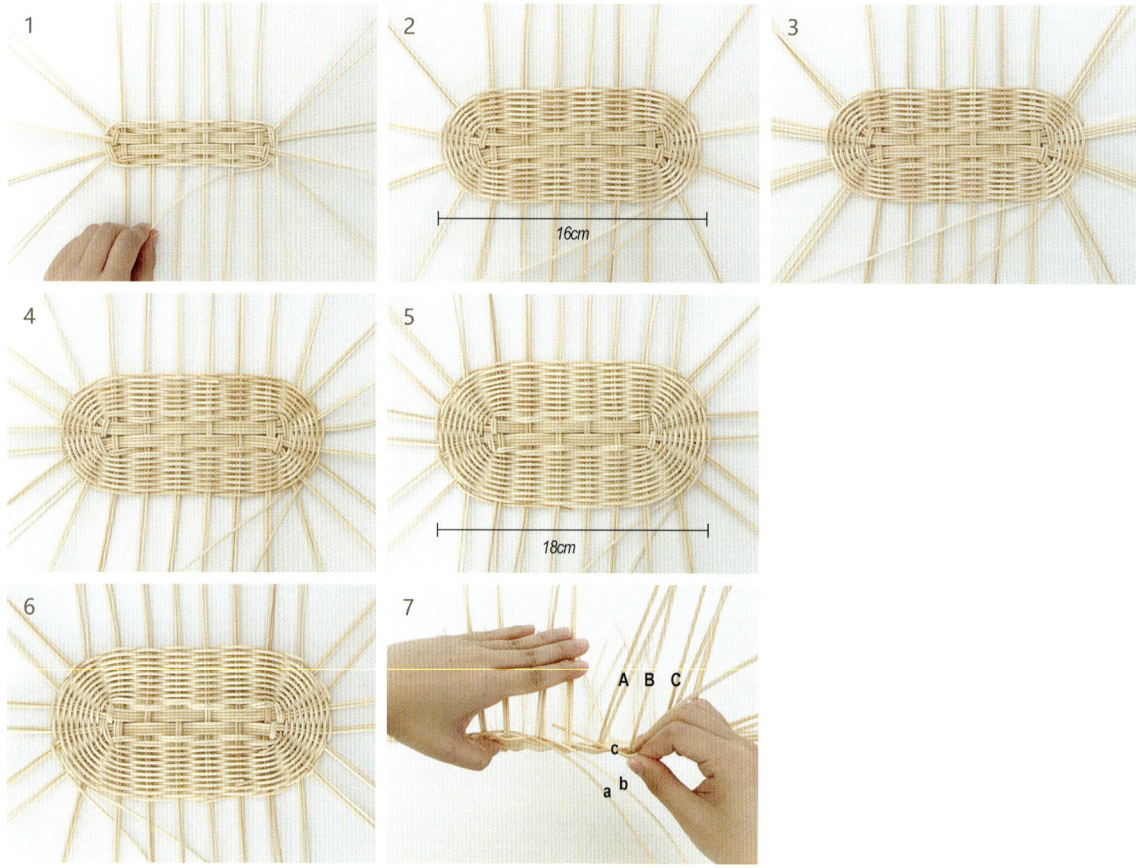

1. 가로 날대 8줄, 세로 날대 12줄로 타원 바닥을 만들어줍니다(40쪽 타원 바닥 참조).
2. 가로 길이가 16cm가 될 때까지 따라엮기를 해줍니다(45쪽 따라엮기 참조).
3. 가로 날대가 4줄 1조가 되도록 덧날대를 끼워줍니다.
4. 사용하던 사릿대를 이용해 날대를 다시 2줄 1조씩 나누며 1바퀴 엮어줍니다.
5. 가로 길이가 18cm가 될 때까지 따라엮기를 해줍니다.
6. 작업물을 뒤집어줍니다.
7. 새로운 사릿대 1줄을 추가하여 세줄꼬아엮기를 준비합니다. 이때 날대는 계속 직각으로 세워줍니다.

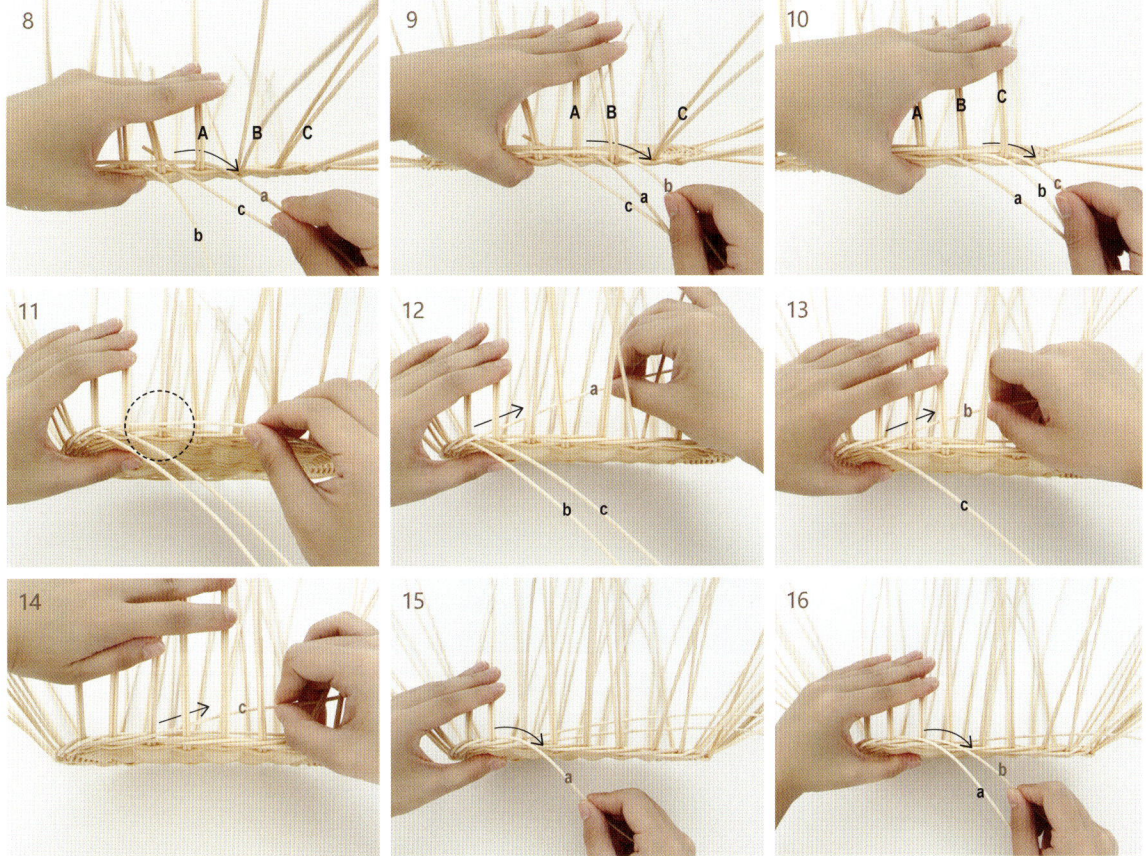

8. a사릿대를 A날대에 걸어주며 세줄꼬아엮기를 시작합니다(47쪽 세줄꼬
아엮기 참조).

9. b사릿대를 B날대에 걸어줍니다.

10. c사릿대를 C날대에 걸어줍니다.

11. 과정 8~10을 반복하며 세줄꼬아엮기를 1바퀴 엮은 후 시작점과 겹치는
부분에서 멈춰줍니다.

12. 사용하던 a사릿대를 날대 뒤로 넘겨줍니다.

13. b사릿대를 다음 날대 뒤로 넘겨줍니다.

14. c사릿대를 다음 날대 뒤로 넘겨줍니다.

15. a사릿대를 날대 밖으로 꺼내줍니다.

16. b사릿대를 그다음 날대 밖으로 꺼내줍니다.

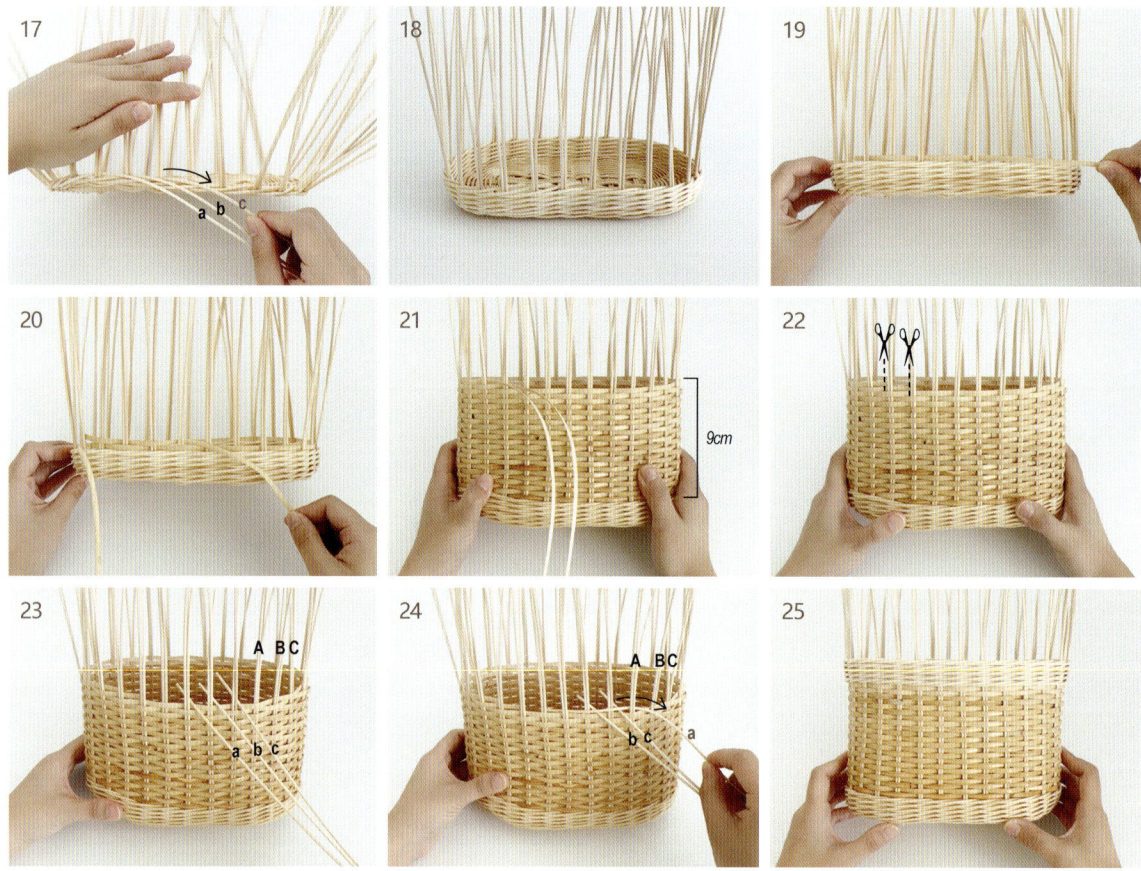

17. c사릿대를 그다음 날대 밖으로 꺼내줍니다.

18. 세줄꼬아엮기를 5바퀴 더 엮은 후 사용하던 사릿대는 모두 시작점 날대 뒤
에서 잘라냅니다.

19. 피등 1줄을 이용해 1바퀴 엮어줍니다.

20. 새로운 피등 1줄을 추가해 따라엮기를 시작합니다.

21. 피등 높이가 9cm가 될 때까지 따라엮기를 한 후 시작점에서 멈춰주세요.

22. 사용하던 피등 2줄은 날대 뒤에서 짧지 않게 잘라냅니다.

23. 새로운 사릿대 3줄을 추가해 세줄꼬아엮기를 준비합니다.

24. a사릿대를 A날대에 걸어주며 세줄꼬아엮기를 시작합니다(47쪽 세줄꼬아엮
기 참조).

25. 세줄꼬아엮기를 5바퀴 엮은 후 사용하던 사릿대는 모두 시작점 날대 뒤에
서 잘라냅니다.

26. 모든 날대 2줄 중 오른쪽 날대 1줄을 짧게 잘라냅니다.

27. A날대를 B날대 뒤에서 나오도록 젖혀주며 한줄엮어마무리를 시작합니다
(66쪽 한줄엮어마무리 참조).

28. B날대를 C날대 뒤에서 나오도록 젖혀줍니다.

29. 날대가 1줄 남을 때까지 과정 27~28을 반복합니다.

30. 남은 날대 1줄은 A날대 틈으로 넣어줍니다.

31. A날대를 C날대 틈으로 넣어줍니다.

32. B날대를 D날대 틈으로 넣어줍니다.

33. 날대가 2줄 남을 때까지 과정 31~32를 반복합니다.

34. A날대를 C날대 틈으로 넣어줍니다.

35. B날대를 D날대 틈으로 넣어줍니다.

36. 날대 2줄을 나란히 꺼내줍니다.

37. 왼쪽 날대로 오른쪽 날대를 덮어 넣어준 후 다음 날대를 하나 더 꺼내줍니다.

38. 날대가 1줄 남을 때까지 과정 37을 반복합니다.

39. 남은 A날대를 B날대 틈으로 넣으며 한줄엮어마무리를 완성합니다.

40. 날대와 사릿대를 정리하여 쁘띠 라탄 백 몸통을 완성합니다.

[손잡이]

41. 5mm 환심을 40cm 재단해 손잡이의 심대를 준비합니다. 이때 양쪽 끝은 사선으로 잘라줍니다.

42. 몸통의 한쪽 끝에 심대를 넣을 수 있도록 송곳을 이용해 틈을 만들어 줍니다.

43. 만들어준 틈에 심대를 1cm정도 넣어줍니다.

44. 반대편에도 똑같이 심대를 넣어줍니다.

45. 심대 끝부분에 송곳을 이용해 틈을 벌려줍니다.

46. 심대를 감아줄 새로운 사릿대 1줄을 틈사이로 25cm 정도 넣어줍니다.

47. 사릿대를 이용해 화살표 방향으로 심대를 감아줍니다.

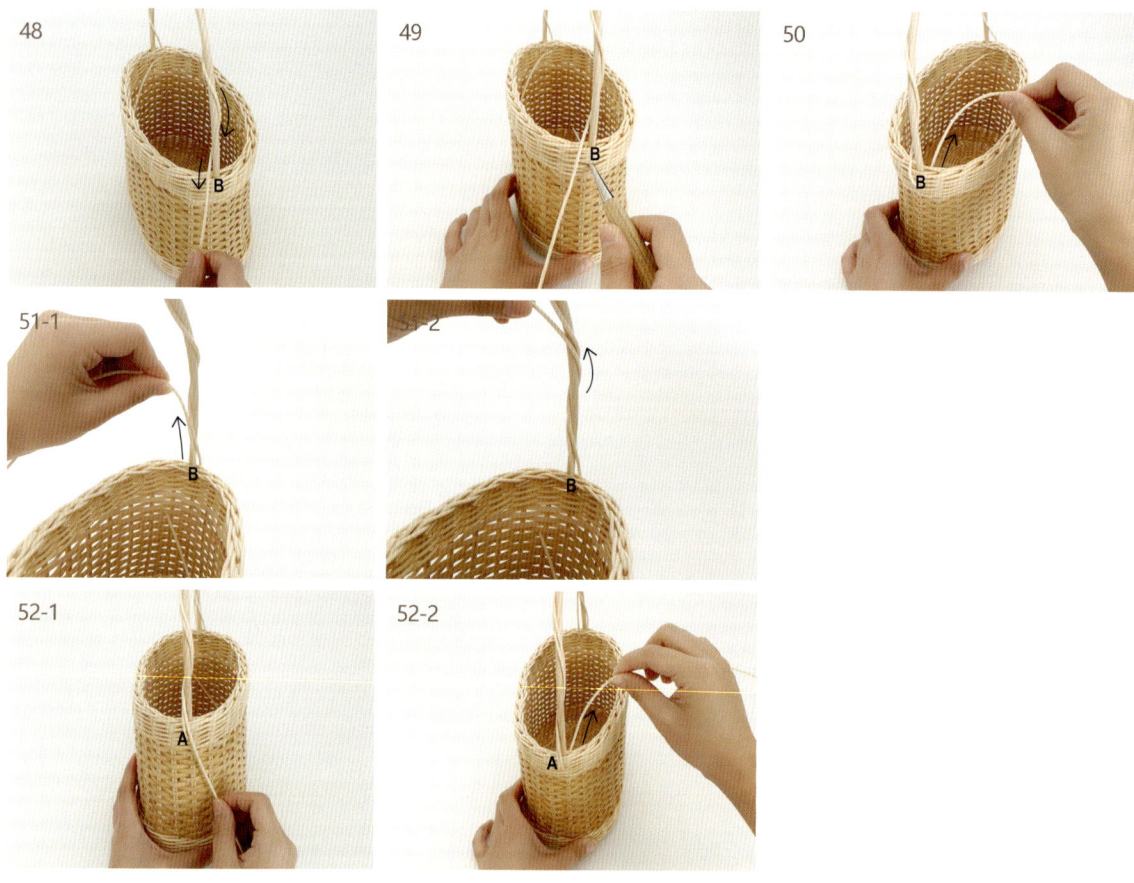

48. 사릿대가 반대편 심대 왼쪽으로 나오도록 감아줍니다. 이때 감는 간격은
일정하게 맞춰주세요.

49. 심대 끝부분에 송곳을 이용해 틈을 벌려줍니다.

50. 사용하던 사릿대를 틈사이로 넣어줍니다.

51. 처음 감아준 사릿대 옆으로 나란히 감아줍니다.

52. 반대편까지 나란히 감아준 사릿대를 기존 사릿대 오른쪽으로 넣어줍니다.

53. 계속해서 이전에 감아준 사릿대 옆으로 나란히 감아줍니다.

54. 반대편까지 나란히 감아준 사릿대를 기존 사릿대 오른쪽으로 넣어줍니다.

55. 사용하던 사릿대가 짧아졌을 경우 2cm 정도 남기고 잘라냅니다.

56. 새로운 사릿대를 짧게 자른 사릿대와 이어지도록 여유 있게 넣어준 후 손
잡이 만들기를 이어갑니다.

57. 심대에 빈틈이 없어질 때까지 사릿대로 감아줍니다. 사릿대를 감는 간격에 따라 A 또는 B 지점에서 끝날 수 있습니다. 이때 끝난 지점 안쪽에서 멈춰줍니다.

58. 사릿대가 A지점에서 끝났다면 사용하던 사릿대는 2cm 정도 남기고 잘라냅니다. 만약 사릿대가 B지점에서 끝났다면 잘라내지 않습니다.

59. A지점에서 가장 처음 넣어준 긴 사릿대를 밖으로 꺼내줍니다.

60. 사릿대로 핸들을 1바퀴 바짝 감아줍니다.

61. 아래방향으로 4~5바퀴를 빈틈없이 감아줍니다.

62. 송곳을 이용해 틈을 만들어줍니다.

63. 틈으로 사릿대를 넣어 바짝 당겨줍니다.

64. 송곳을 이용해 틈을 만들어줍니다.

65. 틈으로 사릿대를 넣어 바짝 당겨줍니다. 사용하던 사릿대는 짧게 잘라냅니다.

66. B지점에 남은 사릿대가 없다면 새로운 사릿대를 안쪽으로 넣어줍니다. 만약 사릿대가 남아 있다면 남은 사릿대를 사용하면 됩니다.

67. 과정 59~65를 반복하며 손잡이를 마무리해줍니다.

68. 쁘띠 라탄 백을 완성한 모습입니다.

14 타원 양손 바구니

가로 날대 : 2.5mm 환심 90cm × 8줄
세로 날대 : 2.5mm 환심 80cm × 12줄
사릿대 : 2.5mm 환심, 4mm 피등
손잡이 심대 : 5mm 평심

[몸통]

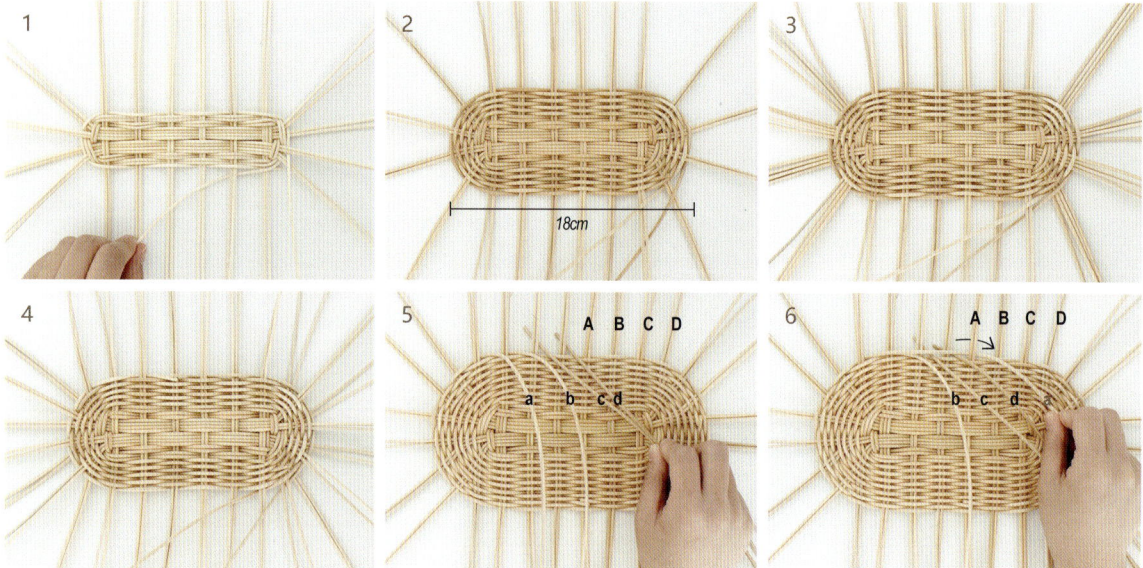

1. 가로 날대 8줄, 세로 날대 12줄을 이용하여 타원 바닥을 만들어줍니다(40쪽 타원 바닥 참조).

2. 가로 길이 18cm가 될 때까지 따라엮기를 해줍니다(45쪽 따라엮기 참조).

3. 가로 날대가 4줄 1조가 되도록 덧날대를 끼워줍니다.

4. 사용하던 사릿대를 이용해 날대를 다시 2줄 1조씩 나누며 엮어줍니다.

5. 가로 길이 20cm가 될 때까지 따라엮기를 한 후 새로운 사릿대 2줄을 추가하여 네줄꼬아엮기를 준비합니다.

6. a사릿대를 A날대에 걸어주며 네줄꼬아엮기를 시작합니다(51쪽 네줄꼬아엮기 참조).

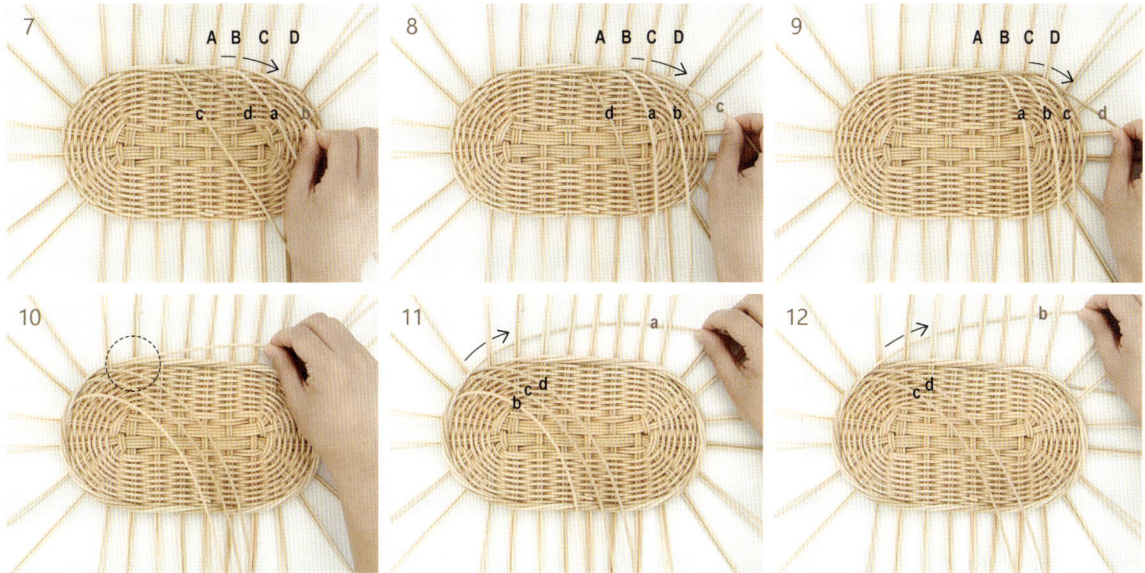

7. b사릿대를 B날대에 걸어줍니다.

8. c사릿대를 C날대에 걸어줍니다.

9. d사릿대를 D날대에 걸어줍니다.

10. 과정 6~9를 반복하여 네줄꼬아엮기를 1바퀴 엮은 후 시작점과 겹치는
    부분에서 멈춰줍니다.

11. 사용하던 a사릿대를 날대 뒤로 넘겨줍니다.

12. b사릿대를 다음 날대 뒤로 넘겨줍니다.

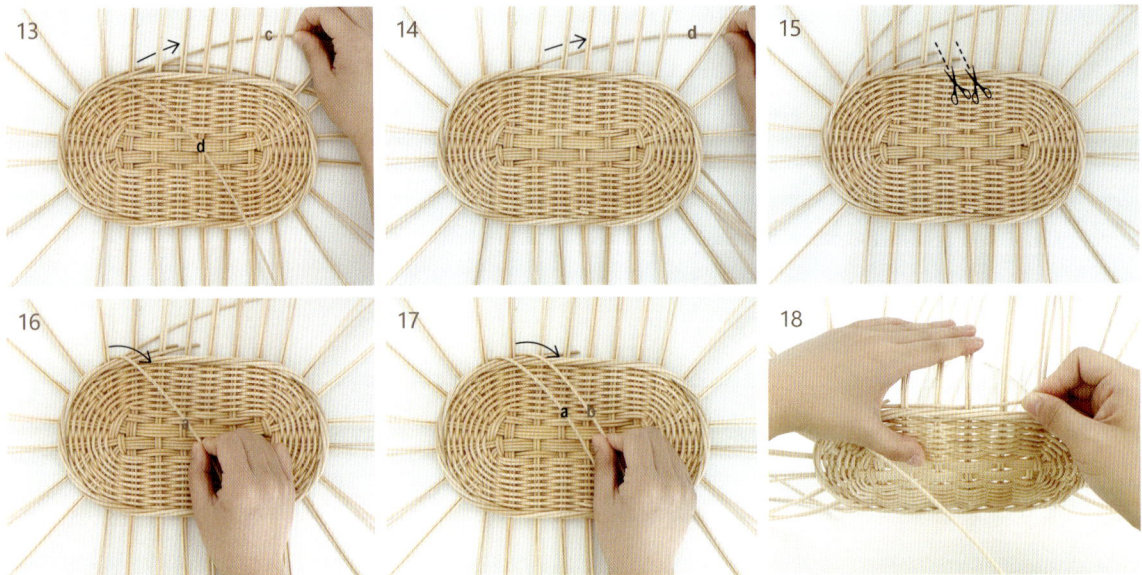

13. c사릿대를 다음 날대 뒤로 넘겨줍니다.

14. d사릿대를 다음 날대 뒤로 넘겨줍니다.

15. 오른쪽 사릿대 2줄을 잘라냅니다.

16. a사릿대를 날대 밖으로 꺼내줍니다.

17. b사릿대를 그다음 날대 밖으로 꺼내줍니다.

18. 작업물 바닥이 동그랗게 올라갈 수 있도록 날대를 조금씩 누르면서
따라엮기를 해줍니다.

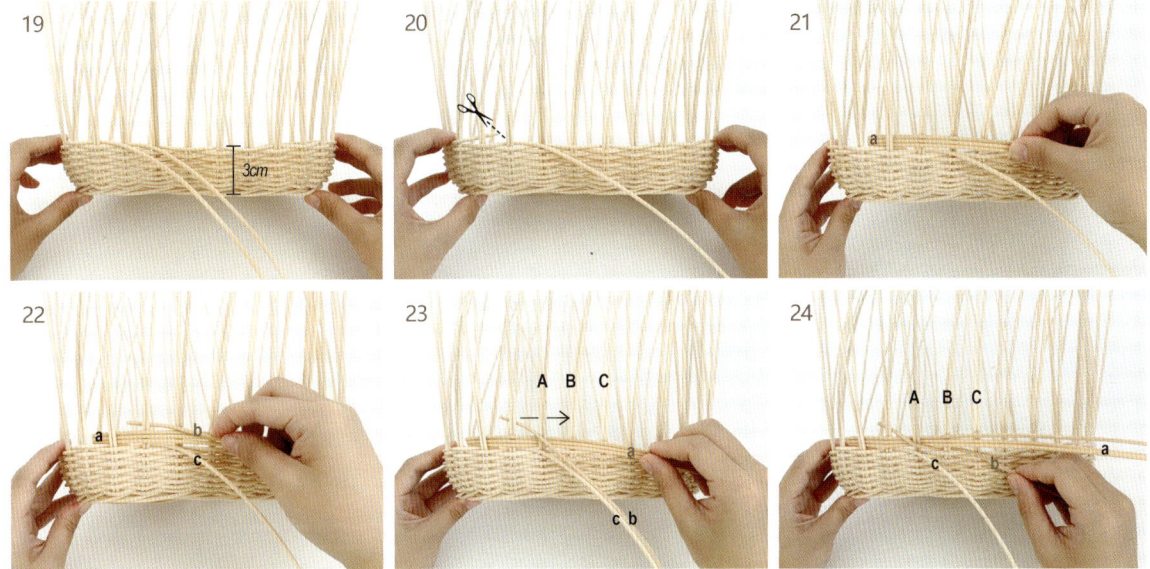

19. 높이 3cm가 될 때까지 따라엮기를 한 후 시작점에서 멈춰주세요.

20. 왼쪽 사릿대는 잘라냅니다.

21. 새로운 사릿대 3줄을 나란히 잡은 채로 과정 20에서 잘라낸 사릿대
    자리에 넣으며 X그물무늬를 시작합니다(60쪽 X그물무늬 참조).

22. 새로운 사릿대 1줄을 다음 날대 뒤로 넣어주세요.

23. a사릿대를 A날대에 걸어줍니다.

24. b사릿대를 B날대 대각선 아래로 걸어줍니다.

25. c사릿대를 B날대 대각선 위로 걸어줍니다. 이때 b, c사릿대가 X모양이 됩니다.

26. a사릿대를 C날대에 걸어줍니다.

27. c사릿대를 D날대 대각선 아래로 걸어줍니다.

28. b사릿대를 D날대 대각선 위로 걸어줍니다. 이때 b, c사릿대가 X모양이 됩니다.

29. 과정 23~28을 반복하여 X그물무늬를 1바퀴 엮은 후 멈춰줍니다.

30. a사릿대를 시작점 날대에 걸어줍니다.

31. a사릿대 3줄을 짧게 잘라냅니다.

32. 송곳을 이용해 b사릿대가 들어갈 틈을 만들어줍니다.

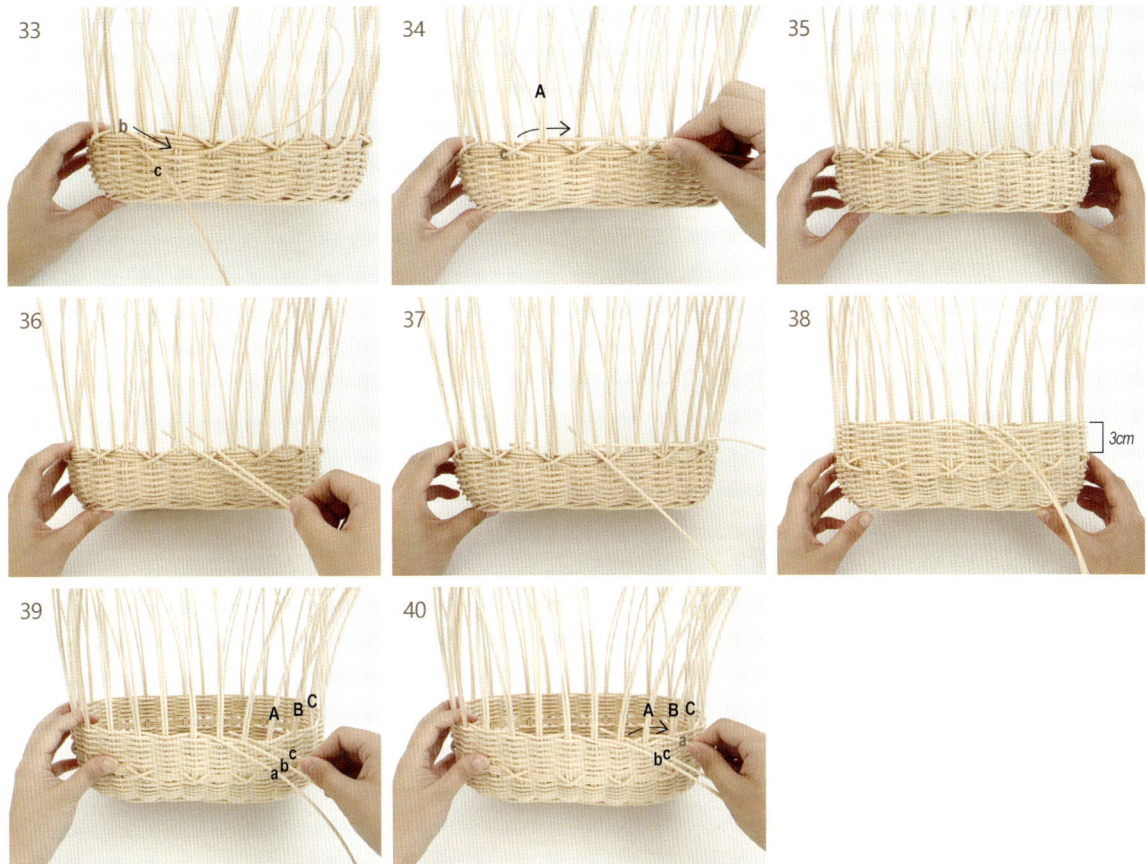

33. b사릿대를 과정 32에서 만든 틈으로 넣어줍니다.

34. c사릿대를 A날대 대각선 위로 걸어줍니다.

35. 사용하던 사릿대는 모두 짧게 잘라냅니다.

36. 새로운 사릿대 2줄을 날대 사이에 나란히 넣어줍니다.

37. 따라엮기를 시작합니다.

38. 높이 3cm가 될 때까지 따라엮기를 한 후 시작점에서 멈춰주세요.

39. 새로운 사릿대 1줄을 추가하여 세줄꼬아엮기(아래로)를 준비합니다.

40. a사릿대를 b, c사릿대 아래를 지나 A날대에 걸어주며 세줄꼬아엮기
    (아래로)를 시작합니다[49쪽 세줄꼬아엮기(아래로) 참조].

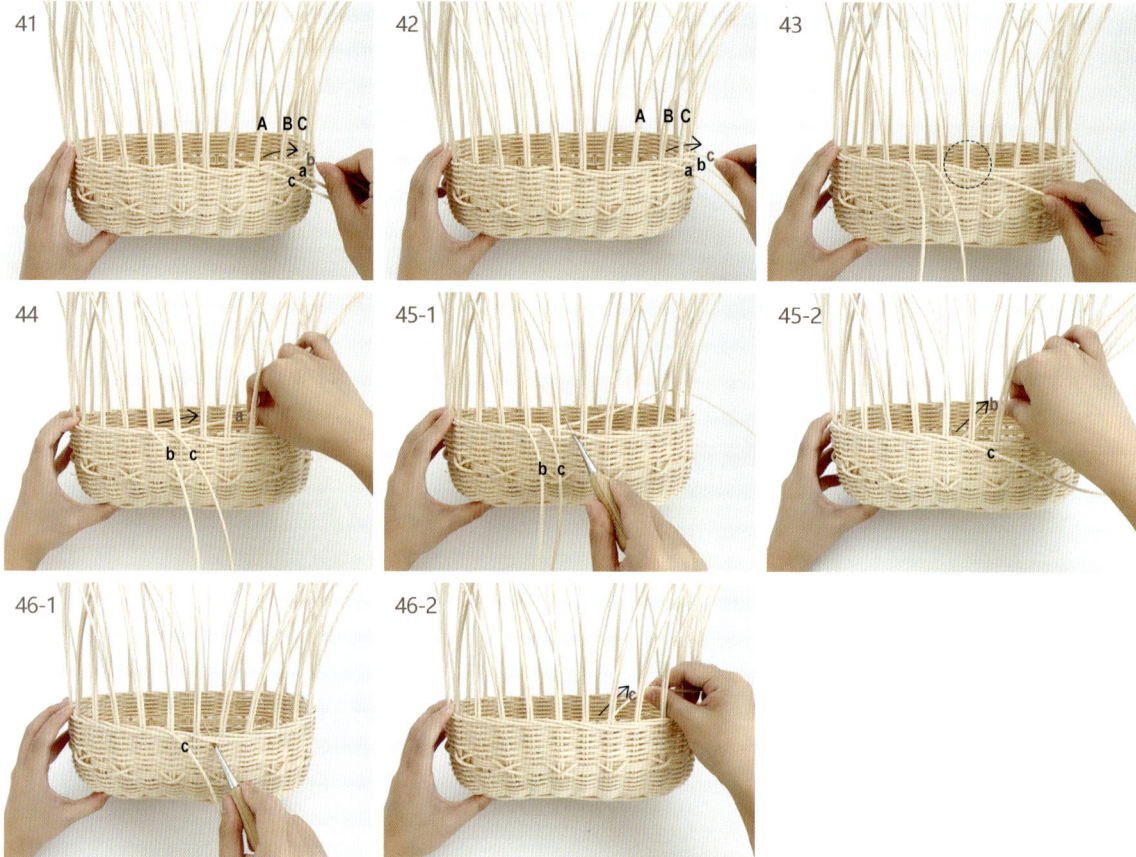

41. b사릿대를 c, a사릿대 아래를 지나 B날대에 걸어줍니다.

42. c사릿대를 a, b사릿대 아래를 지나 C날대에 걸어줍니다.

43. 과정 40~42를 반복하여 세줄꼬아엮기(아래로)를 1바퀴 엮은 후 시작점과 겹치는 부분에서 멈춰줍니다.

44. 사용하던 a사릿대를 날대 뒤로 넘겨줍니다.

45. 송곳으로 b사릿대가 들어갈 틈을 만든 후 아래방향으로 넣어줍니다.

46. 송곳으로 c사릿대가 들어갈 틈을 만들어 넣어줍니다.

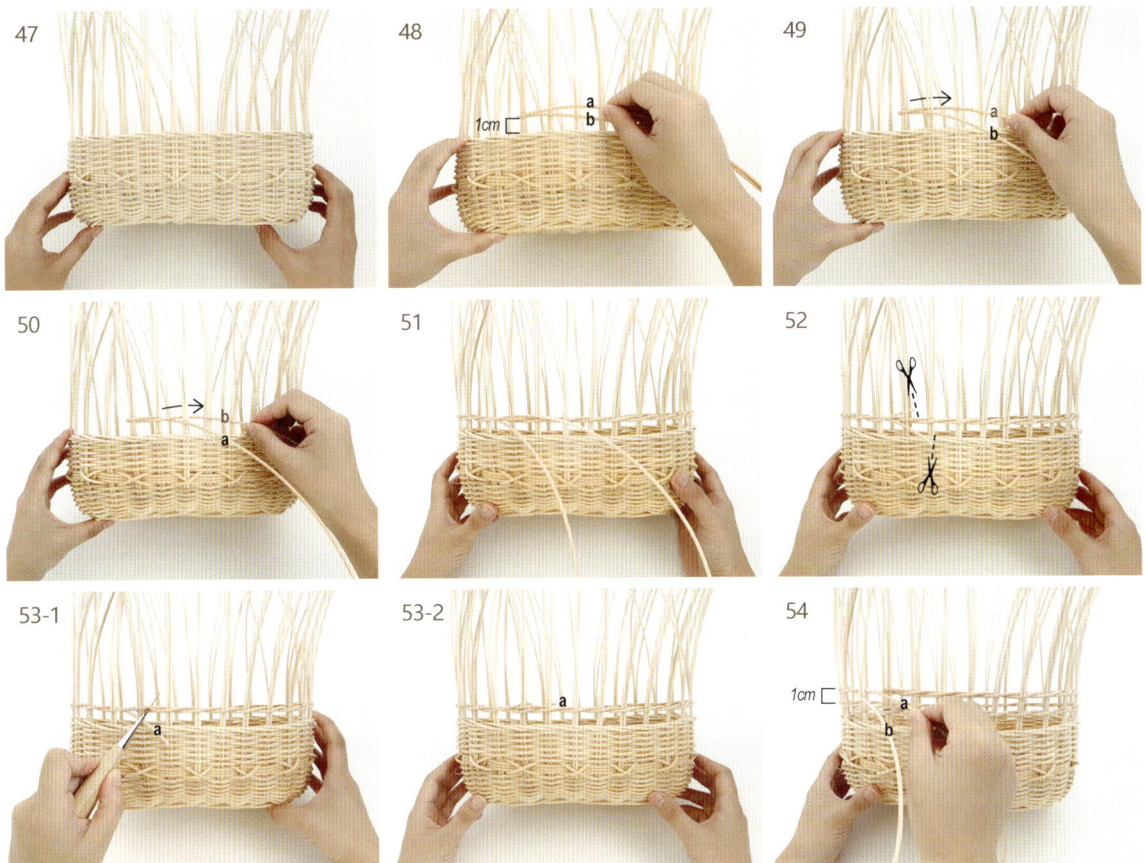

47. 사릿대를 모두 잘라냅니다.
48. 사릿대 1줄을 반으로 접어 날대 1조에 걸어줍니다. 이때 간격은 1cm 정도 띄워줍니다.
49. a사릿대를 다음 날대에 걸어주며 꼬아엮기를 시작합니다(46쪽 꼬아엮기 참조).
50. b사릿대를 다음 날대에 걸어주며 꼬아엮기를 이어갑니다.
51. 과정 49~50을 반복하여 꼬아엮기를 1바퀴 엮은 후 멈춰줍니다.
52. 사릿대를 잘라줍니다.
53. a사릿대는 끼워 넣어줍니다.
54. 1cm 간격을 띄워 꼬아엮기를 1바퀴 더 엮은 후 멈춰줍니다.

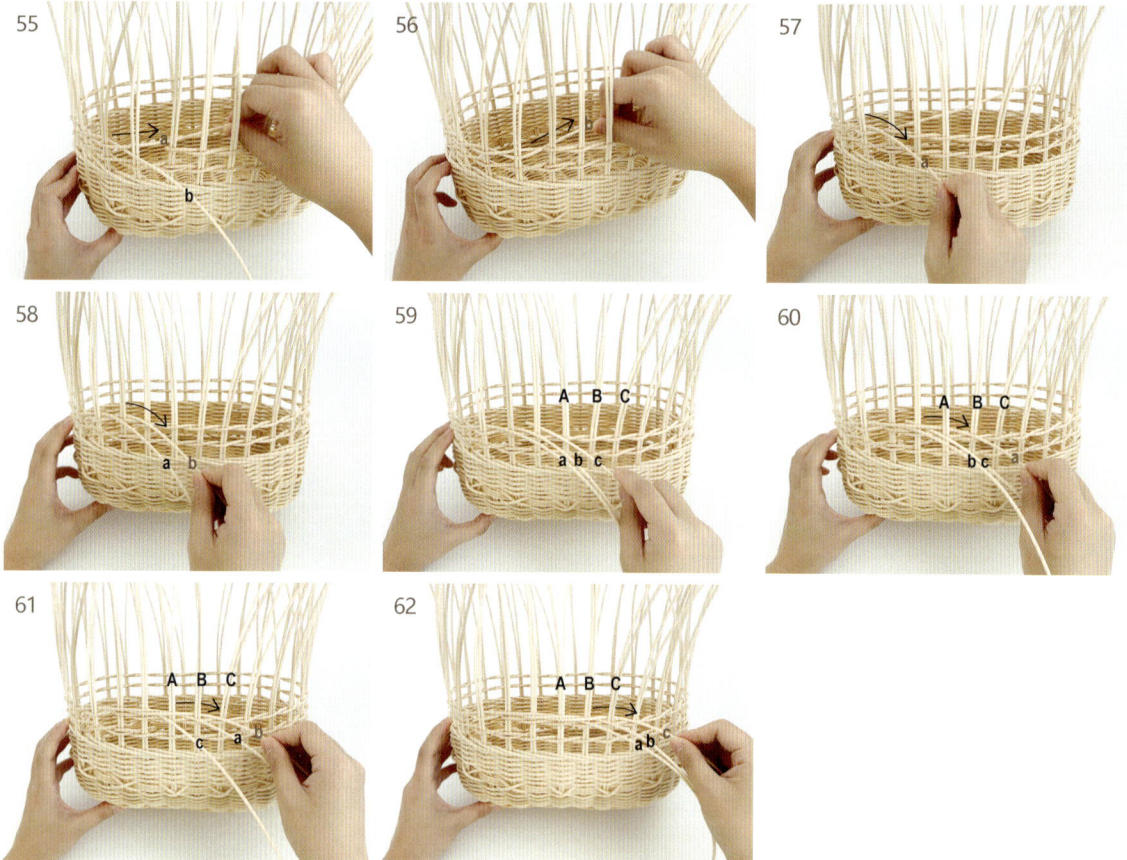

55. a사릿대를 날대 뒤로 넘겨줍니다.

56. b사릿대를 다음 날대 뒤로 넘겨줍니다.

57. a사릿대를 날대 밖으로 꺼내줍니다.

58. b사릿대를 그다음 날대 밖으로 꺼내줍니다.

59. 새로운 사릿대 1줄을 추가하여 세줄꼬아엮기를 준비합니다.

60. a사릿대를 A날대에 걸어주며 세줄꼬아엮기를 시작합니다(47쪽 세줄꼬아엮기 참조).

61. b사릿대를 B날대에 걸어줍니다.

62. c사릿대를 C날대에 걸어줍니다.

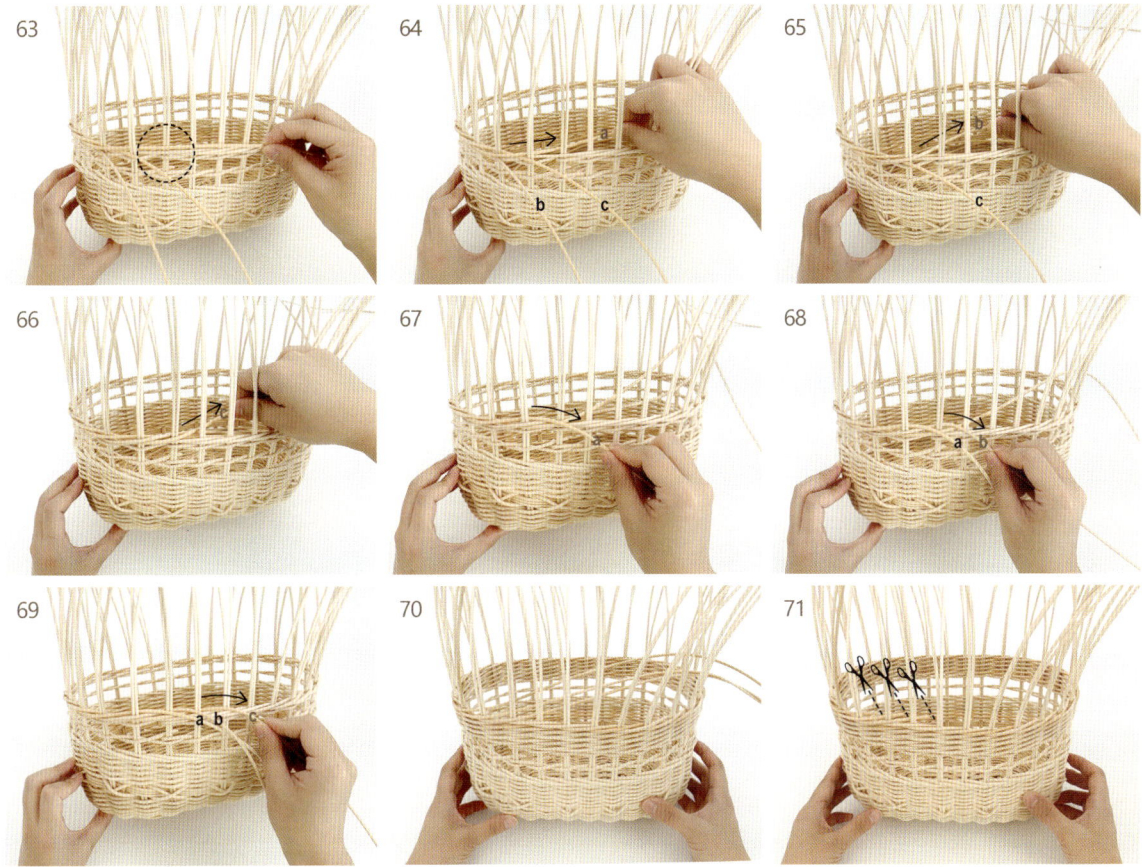

63. 과정 60~62를 반복하여 세줄꼬아엮기를 1바퀴 엮은 후 시작점이 겹치는
부분에서 멈춰줍니다.

64. 사용하던 a사릿대를 날대 뒤로 넘겨줍니다.

65. b사릿대를 다음 날대 뒤로 넘겨줍니다.

66. c사릿대를 다음 날대 뒤로 넘겨줍니다.

67. a사릿대를 날대 밖으로 꺼내줍니다.

68. b사릿대를 그다음 날대 밖으로 꺼내줍니다.

69. c사릿대를 그다음 날대 밖으로 꺼내줍니다.

70. 세줄꼬아엮기를 4바퀴 더 엮어줍니다.

71. 사릿대를 모두 잘라냅니다.

72. 모든 날대 2줄 중 오른쪽 날대 1줄을 짧게 잘라냅니다.

73. A날대를 B날대 뒤에서 나오도록 젖혀주며 한줄엮어마무리를 시작합니다
(66쪽 한줄엮어마무리 참조).

74. B날대를 C날대 뒤에서 나오도록 젖혀줍니다.

75. 날대가 1줄 남을 때까지 과정 73~74를 반복합니다.

76. 남은 날대 1줄은 A날대 틈으로 넣어줍니다.

77. A날대를 C날대 틈으로 넣어줍니다.

78. B날대를 D날대 틈으로 넣어줍니다.

79. 날대가 2줄 남을 때까지 과정 77~78을 반복합니다.

80. A날대를 C날대 틈으로 넣어줍니다.

81. B날대를 D날대 틈으로 넣어줍니다.

82. 날대 2줄을 나란히 꺼내줍니다.

83. 왼쪽 날대로 오른쪽 날대를 덮어 넣어준 후 다음 날대를 하나 더 꺼내줍니다.

84. 날대가 1줄 남을 때까지 과정 83을 반복합니다.

85. 남은 A날대를 B날대 틈으로 넣으며 한줄엮어마무리를 완성합니다.

86. 날대와 사릿대를 정리하여 타원 양손 바구니의 몸통을 완성합니다.

[손잡이]

87. 40cm로 재단한 5mm 평심 4줄을 준비합니다.

88. 평심 2줄을 나란히 잡은 후 울타리무늬 위에서 아래로 5cm 정도 나오도록 넣어줍니다.

89. 반대편도 동일하게 만들어줍니다. 원하는 손잡이 길이로 조절해도 좋아요.

90. 넣어준 평심이 고리가 되도록 마스킹테이프를 이용해 고정합니다.

91. 4mm 피등 1줄을 준비합니다. 피등을 90도 접어 마스킹테이프가 가려지도록 놓아주세요.

92. 피등으로 손잡이를 2바퀴 바짝 감아줍니다.

93. 빈틈이 생기지 않도록 피등으로 손잡이 반대편까지 감아줍니다.

94. 남은 피등은 감아준 피등의 3칸 정도 안으로 끼워 넣어 고정합니다. 이
때 넣을 틈이 없다면 3칸 정도 살짝 풀어준 뒤 피등을 넣고 다시 조여
주세요.

95. 한쪽 손잡이를 완성한 모습입니다.

96. 반대편에도 같은 방법으로 손잡이를 하나 더 만들어 타원 양손 바구니
를 완성합니다.

15
파이트레이

날대 : 2.0mm 환심 80cm × 40줄
사릿대 : 2.0mm 환심

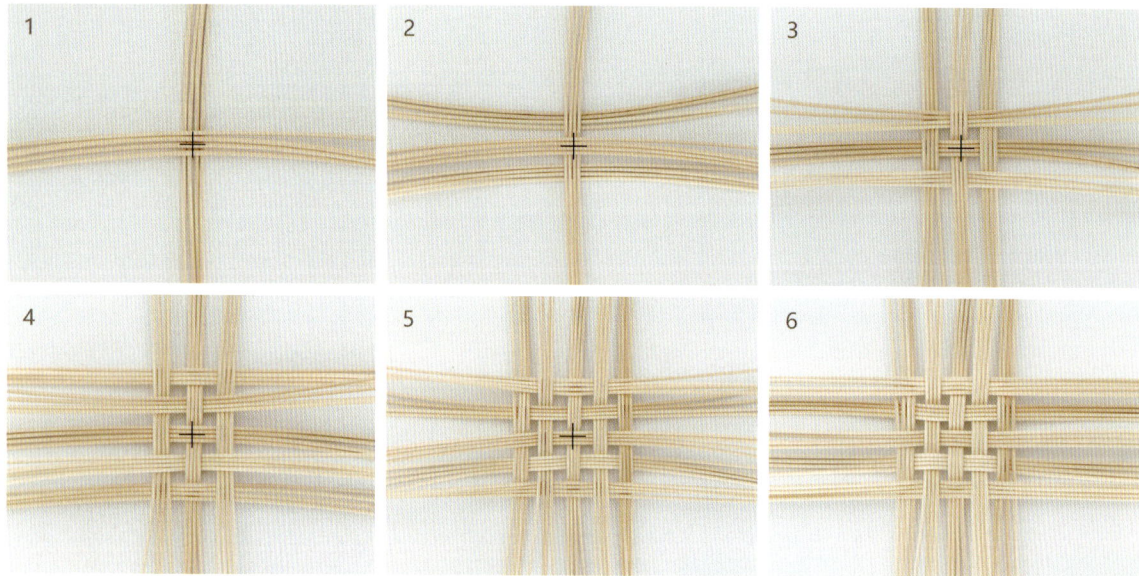

1. 날대 4줄 1조씩 중심 부분을 잘 맞춰 십자 모양을 만들어줍니다.
2. 가로 날대 위, 아래로 날대 1조씩 엇갈리도록 배치해줍니다.
3. 세로 날대 양옆으로 날대 1조씩 엇갈리도록 배치해줍니다.
4. 같은 방법으로 가로 날대 위, 아래 1조씩 더 추가해줍니다.
5. 같은 방법으로 세로 날대 양옆으로 1조씩 더 추가해줍니다.
6. 날대 사이 틈이 너무 크지 않도록 반듯하게 정리하며 좁혀줍니다.

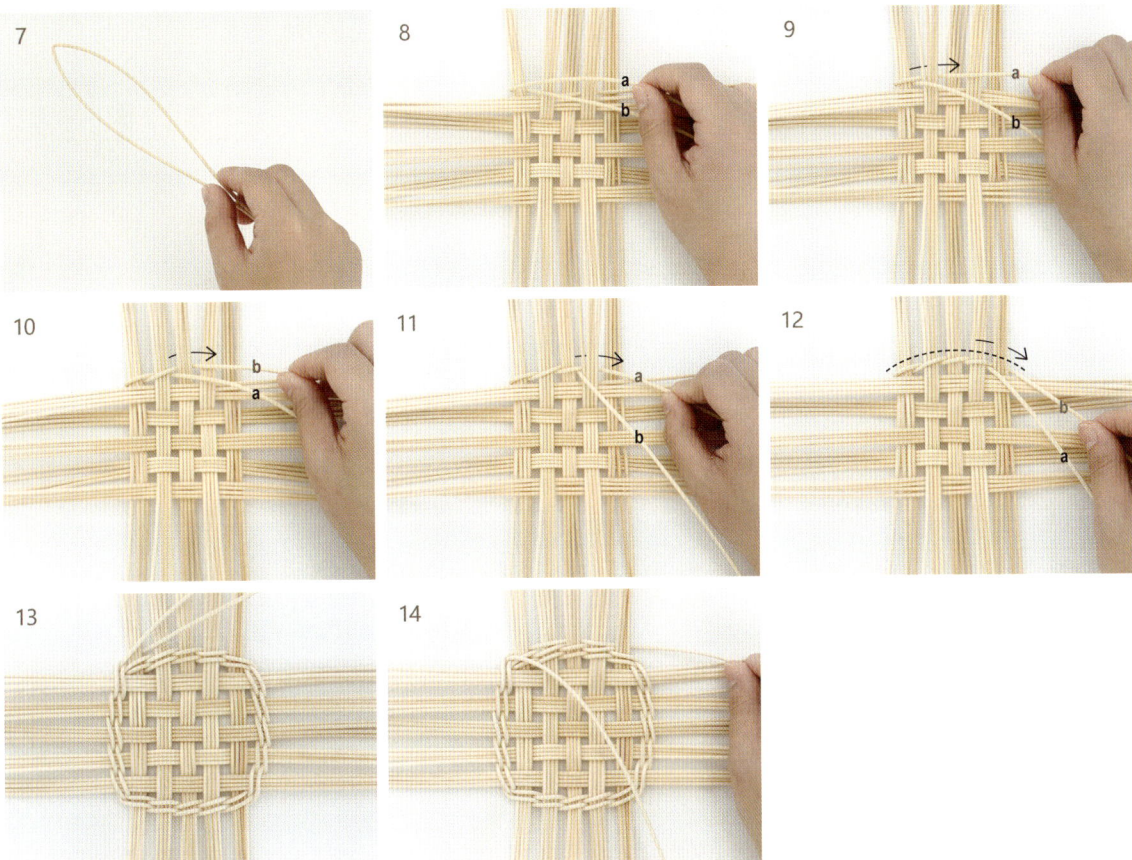

7. 사릿대 1줄을 반으로 접어줍니다.

8. 가장 왼쪽에 있는 세로 날대에 반으로 접은 사릿대를 걸어줍니다.

9. a사릿대를 다음 날대에 걸어주며 꼬아엮기를 시작합니다(46쪽 꼬아엮기 참조).

10. b사릿대를 다음 날대에 걸어줍니다.

11. a사릿대를 다음 날대에 걸어줍니다.

12. b사릿대를 다음 날대에 걸어줍니다. 이때 아치 모양이 되도록 꼬아엮기를 해줍니다.

13. 꼬아엮기를 총 2바퀴 엮어줍니다.

14. 사용하던 사릿대를 이용해 따라엮기를 시작합니다(45쪽 따라엮기 참조).

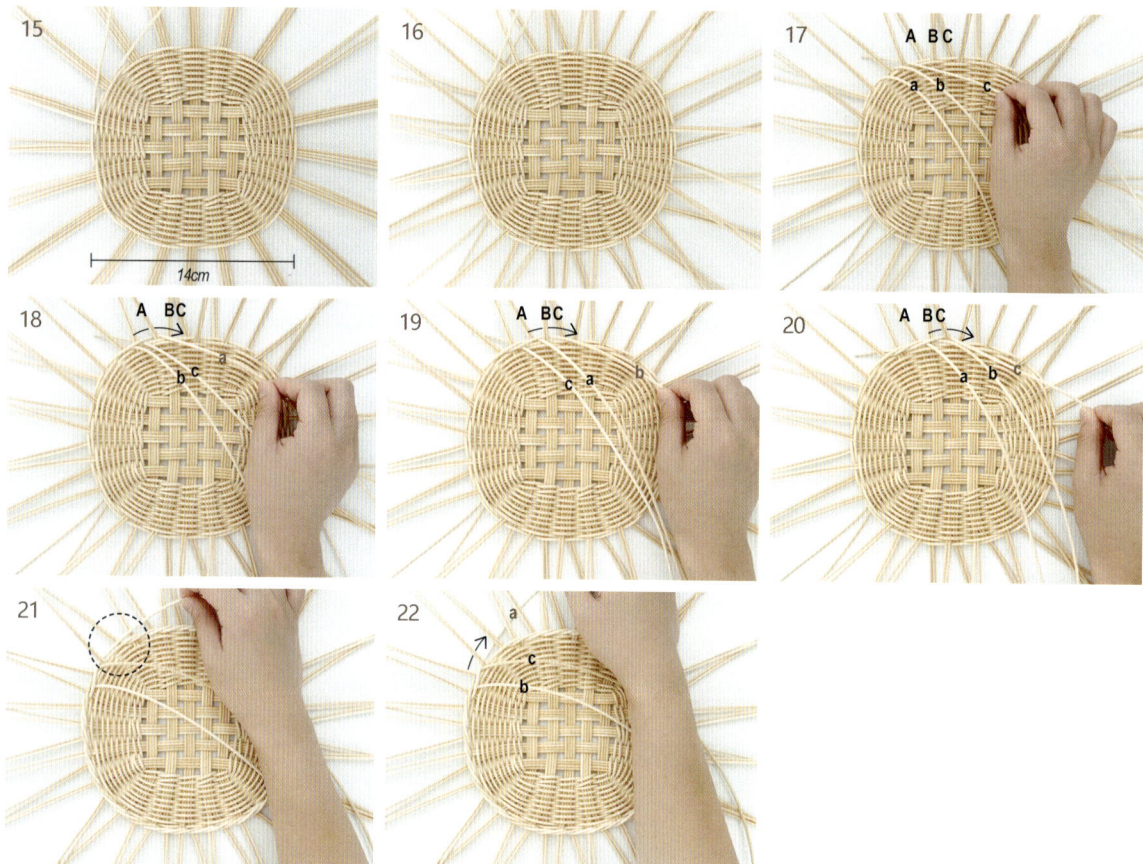

15. 전체 지름이 14cm가 될 때까지 따라엮기를 해줍니다.

16. 사용하던 사릿대를 이용해 날대를 다시 2줄 1조씩 나누며 1바퀴 엮어줍니다.

17. 새로운 사릿대 1줄을 추가하여 세줄꼬아엮기를 준비합니다.

18. a사릿대를 A날대에 걸어주며 세줄꼬아엮기를 시작합니다(47쪽 세줄꼬아엮기 참조).

19. b사릿대를 B날대에 걸어줍니다.

20. c사릿대를 C날대에 걸어줍니다.

21. 과정 18~20을 반복하여 세줄꼬아엮기를 1바퀴 엮은 후 시작점과 겹치는 부분에서 멈춰줍니다.

22. 사용하던 a사릿대를 날대 뒤로 넘겨줍니다.

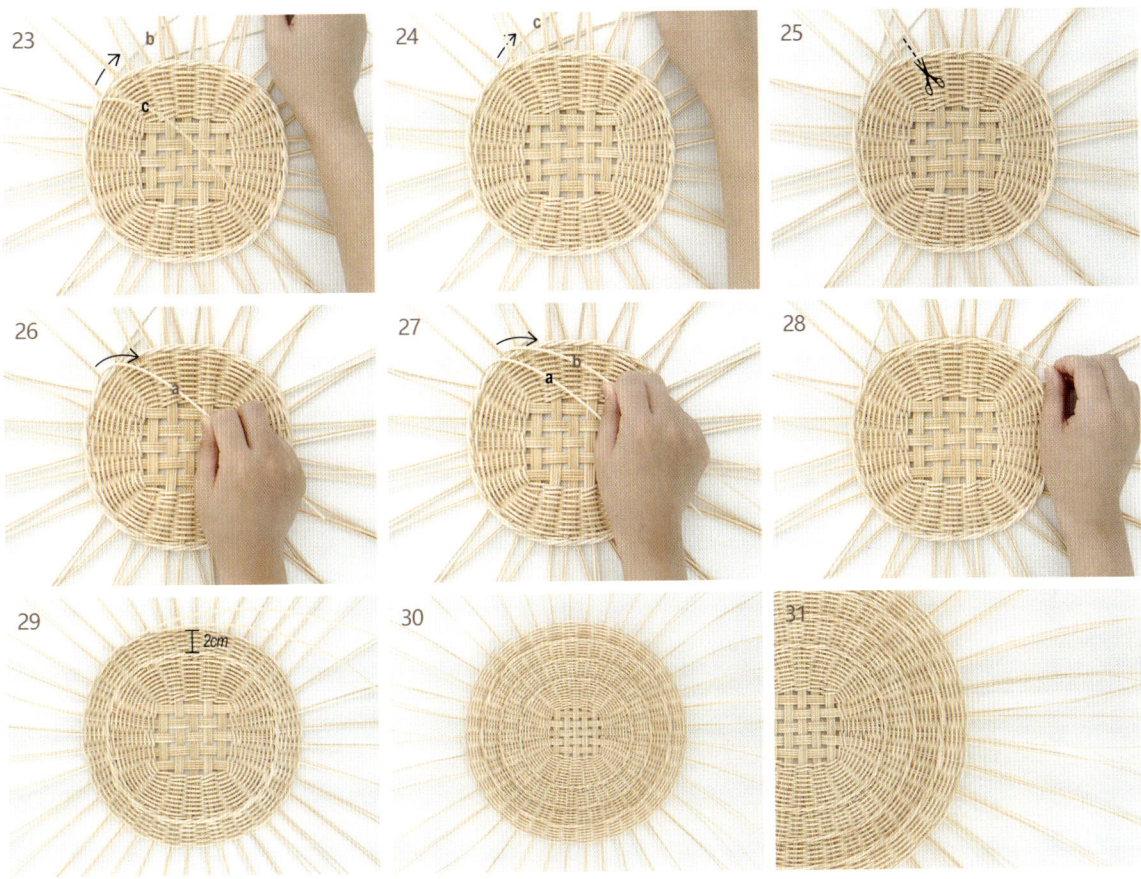

23. b사릿대를 다음 날대 뒤로 넘겨줍니다.

24. c사릿대를 다음 날대 뒤로 넘겨줍니다.

25. 오른쪽 사릿대 1줄을 날대 뒤에서 잘라줍니다.

26. a사릿대를 날대 밖으로 꺼내줍니다.

27. b사릿대를 그다음 날대 밖으로 꺼내줍니다.

28. 사용하던 사릿대를 이용해 따라엮기를 시작합니다.

29. 따라엮기로 2cm 더 엮어줍니다.

30. 과정 17~29를 2회 반복해준 후 사릿대는 모두 잘라냅니다.

31. 모든 날대에 덧날대를 1줄씩 추가해 날대가 3줄 1조가 되도록 해줍니다.

[딸아마무리 기초 작업 단계] 마무리 작업을 위해 충분한 여백을 주면서 엮어주세요.

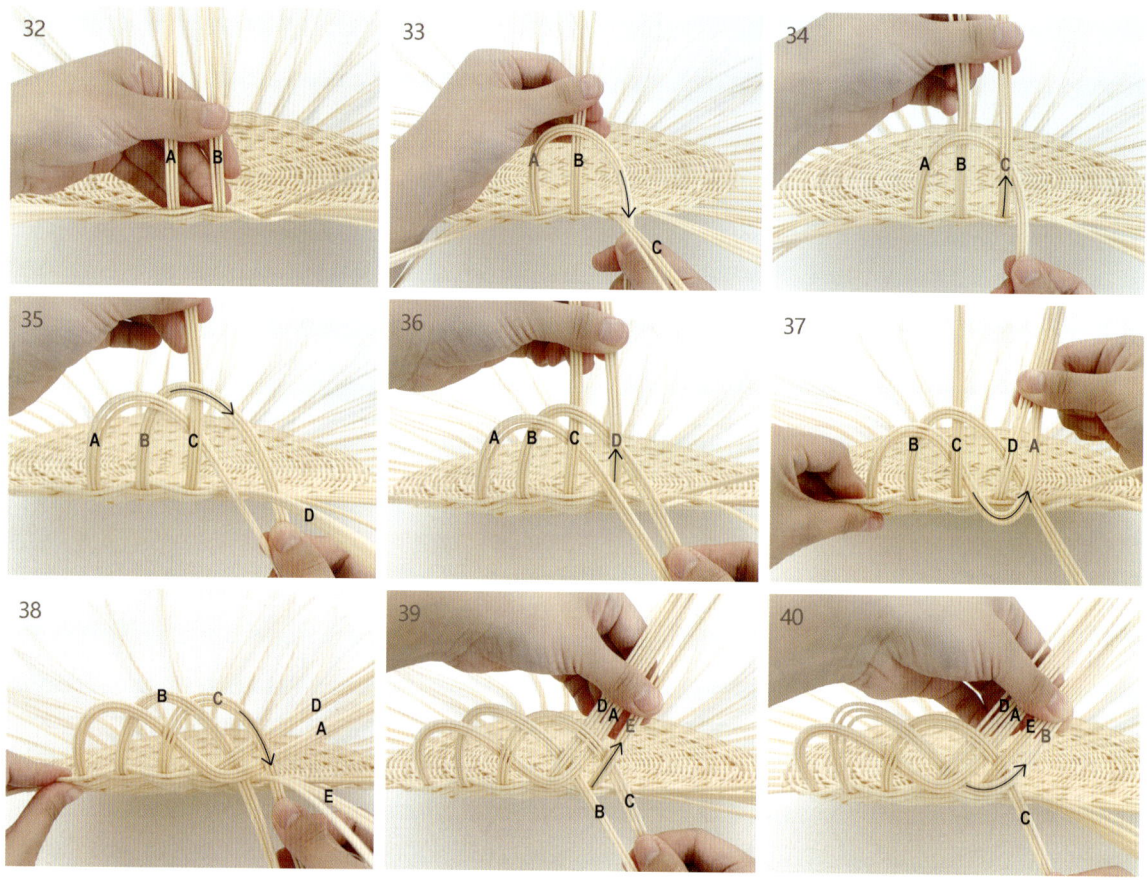

32. 날대 2조를 직각으로 세우며 딸아마무리를 시작합니다(75쪽 딸아마무리 참조).

33. A날대를 나란히 잡은 채로 C날대 오른쪽으로 내려줍니다.

34. C날대를 직각으로 세워줍니다.

35. B날대를 나란히 잡은 채로 D날대 오른쪽으로 내려줍니다.

36. D날대를 직각으로 세워줍니다.

37. A날대를 동그랗게 올려 D날대 옆으로 나란히 세워줍니다.

38. C날대를 나란히 잡은 채로 E날대 오른쪽으로 내려줍니다.

39. E날대를 직각으로 세워줍니다.

40. B날대를 동그랗게 올려 E날대 옆으로 나란히 세워줍니다.

[땋은 모양 잡아주는 단계]

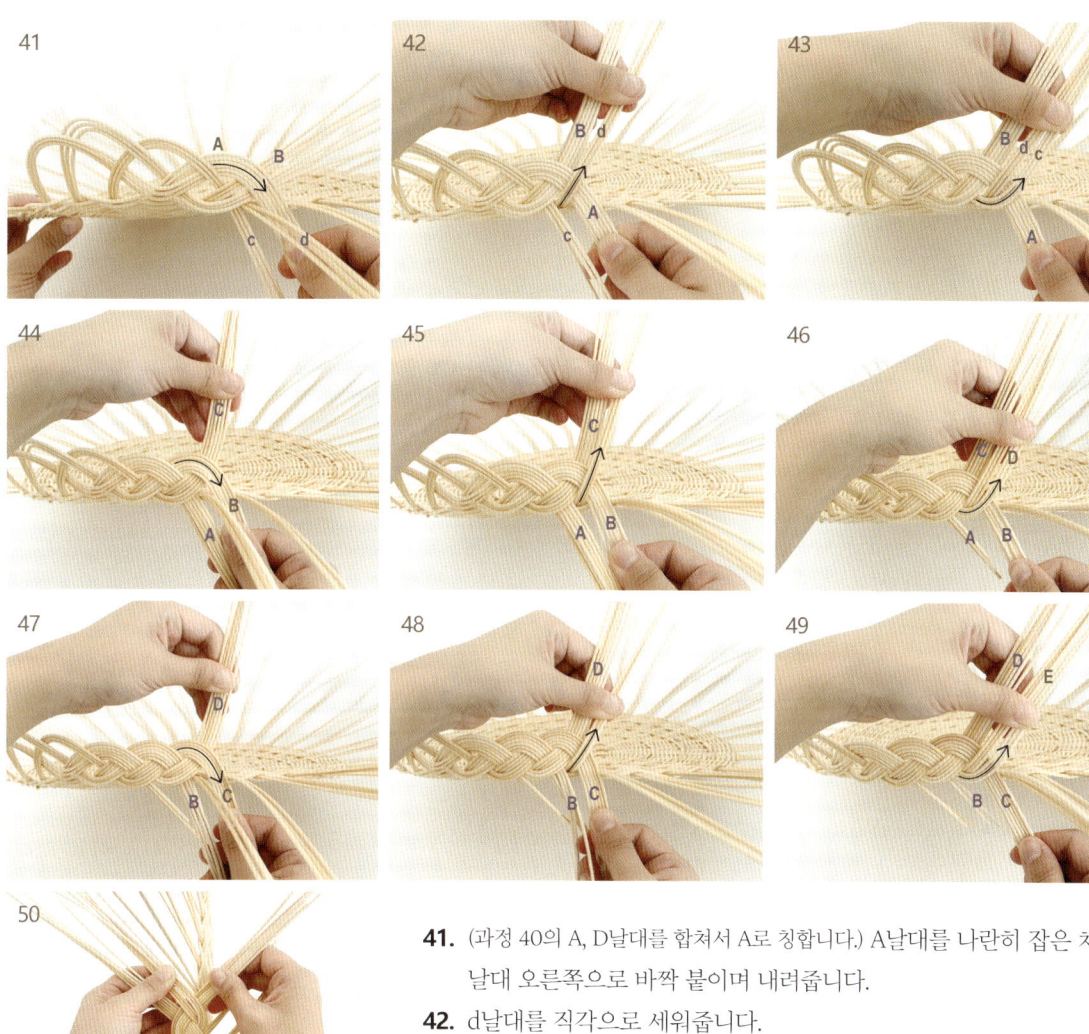

41. (과정 40의 A, D날대를 합쳐서 A로 칭합니다.) A날대를 나란히 잡은 채로 d 날대 오른쪽으로 바짝 붙이며 내려줍니다.

42. d날대를 직각으로 세워줍니다.

43. c날대를 동그랗게 올려 d날대 옆으로 나란히 세워줍니다(c날대와 d날대 가 합쳐진 날대는 C날대로 칭함).

44. B날대를 나란히 잡은 채로 바짝 붙이며 내려줍니다.

45. A날대와 B날대 사이의 남은 날대 3줄을 나란히 직각으로 세워줍니다.

46. A날대의 긴 3줄만 동그랗게 올려 D날대를 만들어줍니다.

47. C날대를 나란히 잡은 채로 바짝 붙이며 내려줍니다.

48. B날대와 C날대 사이의 남은 날대 3줄을 나란히 직각으로 세워줍니다.

49. B날대의 긴 3줄만 동그랗게 올려 E날대를 만들어줍니다.

50. 작업물을 세로로 세워서 작업하면 조금 더 편하게 엮을 수 있어요.

[기초 작업에서 만든 여백을 채워가며 마무리해주는 단계]

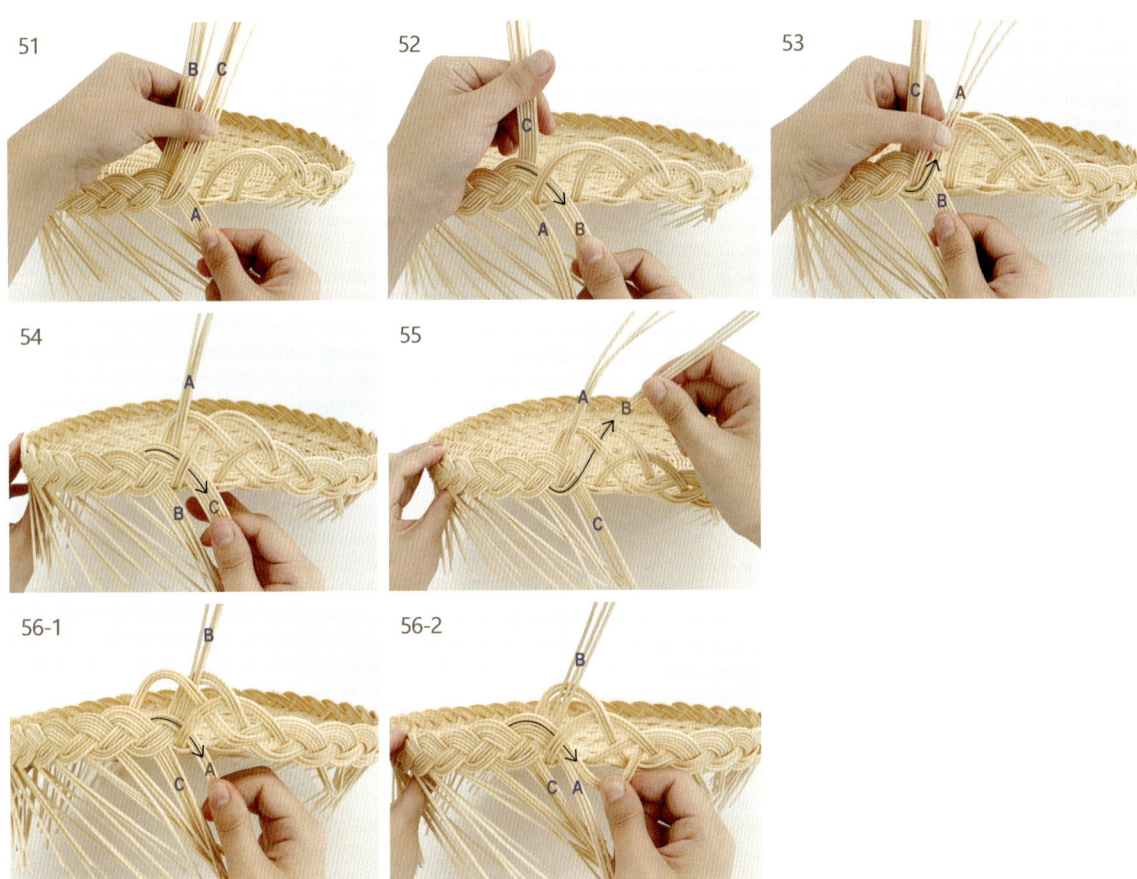

51. 지금까지의 과정을 반복하며 마지막 날대까지 바짝 붙이며 땋은 모양을 만들어줍니다.

52. B날대를 나란히 잡은 채로 바짝 붙이며 내려줍니다.

53. A날대의 긴 3줄만 동그랗게 올려줍니다.

54. C날대를 나란히 잡은 채로 바짝 붙이며 내려줍니다.

55. B날대의 긴 3줄만 동그랗게 올려줍니다.

56. A날대를 화살표 방향대로 바짝 당겨 틈이 없도록 엮어줍니다.

57. B날대를 화살표 방향대로 아래로 엮어줍니다. 이때 남은 마무리 작업을
위해 날대를 바짝 당기지 말아주세요.

58. C날대의 긴 3줄만 화살표 방향대로 엮어줍니다.

59. 지금까지 엮은 자리를 유지하면서 날대 순서대로 틈 없이 바짝 당겨주어
땋아마무리를 완성합니다.

60. 마무리 작업을 한 옆면이 기울어지지 않도록 직각으로 세워줍니다.

61. 남은 날대는 땋아마무리 모양에 맞춰 보이지 않게 잘라줍니다.

62. 파이 트레이를 완성한 모습입니다.